El Hombre Más Rico de Babilonia

Los secretos del éxito de los antiguos

Cómo alcanzar el éxito y solucionar sus problemas financieros

George S. Clason

© Copyright 2007 – BN Publishing.

info@bnpublishing.com

Titulo Original: Gold Ahead

Traducción: Michelle Reich

Todos los derechos reservados. Ninguna parte de esta publicación puede ser reproducida.

www.bnpublishing.com

ÍNDICE

1. El hombre que anhelaba oro..6

2. El hombre más rico de Babilonia..13

3. Los siete medios de llenar una bolsa vacía..........................25

4. La fortuna...44

5. Las cinco leyes del oro..58

6. El prestamista de oro de Babilonia......................................70

7. Las murallas de Babilonia..83

8. El tratante de camellos de Babilonia...................................87

9. Las tablillas de barro de Babilonia.......................................98

10. Un resumen histórico de Babilonia...................................109

1   EL HOMBRE QUE ANHELABA ORO

Bansir, el fabricante de carros de la ciudad de Babilonia, se sentía muy abatido. Sentado en el cerco que rodeaba su propiedad, contemplaba tristemente su modesta casa y su taller, en el que había un carro sin terminar.

Su mujer solía llegar hasta la puerta, lanzar una mirada furtiva en su dirección, recordándole que ya casi no les quedaba alimento y que debería estar acabando el carro. Es decir, clavando, tallando, puliendo y pintando, extendiendo el cuero sobre las ruedas; preparándolo de esta manera para ser entregado y que fuera pagado por el rico cliente.

No obstante, su porte corpulento permanecía quieto, apoyado en la pared. Su mente lenta daba vueltas a un tema al que no hallaba solución alguna. El cálido sol tropical, tan típico del valle del Éufrates, caía sobre él sin piedad. Gotas de sudor perlaban su frente y se deslizaban hasta su pecho velludo.

Su casa estaba dominada, en la parte trasera, por los muros que rodeaban las terrazas del palacio real. Muy cerca de ahí, la torre pintada del Templo de Bel se esgrimía contra el azul del cielo. A la sombra de esa majestuosidad se dibujaba su modesta vivienda, y varias otras también, mucho menos limpias y cuidadas que la suya.

Así era Babilonia: una mezcla de suntuosidad y austeridad, de cegadora riqueza y de terrible pobreza sin orden alguno adentro de las murallas de la ciudad.

Si se hubiera molestado en darse la vuelta, Bansir habría visto cómo los bulliciosos carros de los ricos empujaban y hacían tambalearse tanto a los comerciantes que acarreaban sandalias como a los mendigos descalzos. Incluso los ricos estaban obligados a meter los pies en los desagües para dar la pasada a las largas filas de esclavos y de portadores de agua «a servicio del rey». Cada esclavo llevaba una pesada piel de cabra llena de agua que vertía en los jardines colgantes.

Bansir estaba demasiado absorto en su propio problema para oír o prestar atención al trajinar confuso de la rica ciudad. Fue el sonido familiar de una lira lo que le despertó de su ensoñación. Se dio vuelta y vio el rostro expresivo y sonriente de su mejor amigo, Kobi, el músico.

-Que Dios te bendiga con gran generosidad, mi buen amigo -dijo Kobi a modo de saludo-. Pero me parece que son tan generosos que ya no tienes necesidad alguna de trabajar. Me alegro de que tengas esa suerte. Es más, me agradaría compartirla contigo. Te ruego que me hagas el favor de sacar dos shékeles de tu bolsa, que debe estar bien llena, puesto que no estás trabajando en tu taller, y me los prestes hasta después del festín de los nobles de esta noche. No los perderás, te serán devueltos.

-Si tuviera dos shékeles -respondió tristemente Bansir-, no podría prestárselos a nadie, ni a ti, mi mejor amigo, porque serían toda mi fortuna. Nadie presta toda su riqueza ni a su mejor amigo.

-¿Qué? -exclamó Kobi sorprendido- ¿No tienes ni un shekel en tu bolsa y sigues sentado en el muro como una estatua? ¿Por qué no terminas ese carro? ¿Cómo sacias tu hambre? No te reconozco, amigo mío. ¿Dónde está tu energía desbordante? ¿Te aflige algo? ¿Te provocó Dios algún problema?

-Debe de ser un suplicio que me ha mandado Dios -comentó Bansir-. Comenzó con un sueño, un sueño sin sentido, en el que yo creía que era una persona afortunada. De mi cintura colgaba una bolsa llena de pesadas monedas. Tenía shékeles que tiraba indiscriminadamente a los mendigos, monedas de oro con las que compraba útiles para mi mujer y todo lo que deseaba para mí; incluso tenía monedas de oro que me permitían mirar confiadamente el futuro y gastar a destajo. Me invadía un maravilloso sentimiento de plenitud. Si me hubieras visto no habrías conocido en mí al esforzado trabajador, ni en mi esposa a la mujer arrugada, habrías encontrado en su lugar una mujer con el rostro pletórico de felicidad que sonreía como al comienzo de nuestro matrimonio.

-Un lindo sueño, en efecto -comentó Kobi-, pero ¿por qué sentimientos tan placenteros te habían de convertir en una estatua plantada sobre el muro?

-¿Por qué? Porque en el momento que me he despertado y recordado hasta qué punto mi bolsa se encontraba vacía, me ha entrado un sentimiento de rebeldía.
-Hablemos de ello. Como dicen los marinos, los dos remamos en la misma barca. De jóvenes fuimos a visitar a los sacerdotes para aprender de su sabiduría. Cuando nos hicimos hombres, compartimos placeres idénticos. En la edad adulta, siempre hemos sido buenos amigos. Estábamos satisfechos de nuestro destino. Éramos felices de trabajar largas horas y de gastar libremente nuestro salario. Ganamos mucho dinero durante los años pasados, pero los goces de la riqueza sólo los hemos podido experimentar en sueños. ¿Somos acaso estúpidos borregos? Vivimos en la ciudad más pudiente del mundo. Los viajeros dicen que ninguna otra ciudad se le acerca. Ante nosotros se extiende esta riqueza, pero no poseemos nada de ella. Luego de haber pasado la mitad de tu vida trabajando arduamente, tú, mi mejor amigo, tienes la bolsa vacía y me preguntas: «¿Me puedes dejar una suma tan insignificante como dos shékeles hasta después del festín de los nobles de esta noche?» ¿Y qué es lo que yo te respondo? ¿Digo que aquí tienes mi bolsa, y que comparto contigo su contenido? No, reconozco que mi bolsa está tan vacía como la tuya. ¿Qué es lo que no funciona? ¿Por qué no logramos conseguir más plata y más oro, más de lo necesario para poder comer y vestirse?

"Veamos a nuestros hijos. ¿No están siguiendo el mismo camino de sus padres? ¿También ellos con sus familias, y sus hijos con las suyas, tendrán que vivir entre los acaparadores de oro y se tendrán que conformar con beber la consabida leche de cabra y alimentarse de caldo claro?

-Durante todos los años que hemos sido amigos, nunca habías hablado como hoy, -replicó Kobi, intrigado.

-Durante todos estos años, jamás había pensado así. Desde el alba hasta que me hacía parar la oscuridad me he esforzado haciendo los más hermosos carros que pueda fabricar una persona, sin casi atreverme apenas a esperar que un Dios reconociera mis buenas obras y me darían una gran prosperidad, lo que nunca han hecho. Al fin me doy cuenta de que nunca lo harán. Por eso estoy triste. Quiero ser rico. Deseo tierras y ganado, lucir bellas ropas y llenar mi bolsa de dinero. Estoy dispuesto a trabajar para ello con todas mis fuerzas, con toda la habilidad de mis manos, con toda la destreza de mi mente, pero deseo que mis esfuerzos sean recompensados. ¿Qué nos pasa? Te lo vuelvo a preguntar, ¿Por qué no tenemos una parte justa de todas las cosas buenas, tan abundantes, que pueden conseguir los que poseen el oro?

-¡Ay, si conociera la respuesta! -respondió Kobi-. Yo no estoy más satisfecho que tú. Todo el dinero que gano con mi lira se consume rápidamente. Muchas veces he de planificar y calcular para que mi familia no pase hambre. Yo también tengo en mi fuero interno el anhelo de poseer una lira suficientemente grande para hacer resonar la grandiosa música que me viene a la cabeza. Con un instrumento así podría producir una música tan suave que ni el mismo rey habría oído nunca algo similar.

-Deberías tener una lira así. Nadie en la ciudad de Babilonia podría hacerla sonar mejor que tú, hacerla cantar tan melodiosamente que, no sólo el rey, sino el mismo Dios quedaría perplejo. Pero, ¿cómo podrías conseguirla si tú y yo somos tan pobres como los esclavos del rey? ¡Escucha la campana! ¡Ya vienen! -señaló una larga columna de hombres semidesnudos, los portadores de agua que venían del río, sudando y sufriendo por una angosta calle. Caminaban en filas de a cinco, encorvados bajo la pesada piel de cabra llena de agua.

-El hombre que los guía es hermoso -Kobi indicó a la persona que tocaba la campana y andaba al frente de todos,- sin carga-. En su país es fácil encontrar a hombres hermosos.

-Hay varios rostros bellos en la fila -dijo Bansir-, tanto como los nuestros. Hombres altos y rubios del norte, hombres negros y risueños del sur y pequeños y morenos de los países vecinos. Todos caminan juntos del río a los jardines y de los jardines al río, cada día de cada año. No pueden esperar felicidad alguna. Duermen sobre lechos de paja y comen gachas. ¡Me dan lástima esos pobres animales, Kobi!

-A mí también. Pero me recuerdan que nosotros no estamos mucho mejor que ellos, aunque nos llamemos libres.

-Es cierto, Kobi, pero no me gusta pensar en eso. No queremos continuar viviendo como esclavos año tras año. Trabajar, trabajar, trabajar...¡Y no llegar a algo!

-¿No deberíamos tratar de investigar cómo los otros consiguieron su oro y hacer como ellos? preguntó Kobi.

-Tal vez haya un secreto que podamos aprender simplemente si encontramos a quienes lo conocen, -respondió Bansir, reflexivo.

-Hoy mismo -añadió Kobi- me he cruzado con nuestro viejo amigo Arkad, que se paseaba en su carro dorado. Te diré que ni me ha mirado; una cosa que algunos de los de su clase creen tener derecho a hacer. En lugar de eso ha hecho una señal con la mano para que los espectadores pudieran verle saludar y conceder el favor de una sonrisa amable a Kobi el músico.

-Sí, se dice que es el hombre más rico de toda Babilonia -dijo Bansir.

-Tan rico, dicen, que el rey recurre a su oro para asuntos del tesoro -contestó Kobi.

-Tan rico -comentó Bansir- que si me lo topara de noche estaría tentado de vaciarle la bolsa.

-¡Eso es absurdo! -replicó Kobi-. La fortuna de un hombre no está en la bolsa que lleva consigo. Una bolsa llena se vacía con rapidez si no hay una fuente de oro para alimentarla. Arkad tiene unos ingresos que mantienen su bolsa completa, gaste como gaste sus recursos.

-¡Los ingresos, eso es lo importante! -dijo Bansir-. Deseo una renta que continúe alimentando mi bolsa, tanto si me quedo sentado en el muro de mi casa como si viajo a lejanos países. Arkad debe de saber cómo un hombre puede asegurarse una renta. ¿Crees que será capaz de explicárselo a alguien con una mente tan torpe cómo la mía?

-Creo que enseñó su saber a su hijo Nomasir -respondió Kobi-. Este fue a Nínive y, según dicen en la hostería, se convirtió, sin la ayuda de su padre, en uno de los hombres más ricos de la ciudad.

-Kobi, lo que acabas de mencionar ha generado en mí una luminosa idea -un nuevo brillo apareció en los ojos de Bansir-. Nada cuesta pedir un sabio consejo a un buen amigo, y Arkad siempre ha sido un amigo. No importa que nuestras bolsas estén tan vacías como el nido de halcón del año anterior. No nos abatamos por eso. No nos inquietemos por no poseer oro en medio de la abundancia. Queremos ser ricos. ¡Ven! Vayamos a ver a Arkad y preguntémosle cómo podríamos obtener ganancias por nuestros propios medios.

-Hablas poseído por una verdadera inspiración, Bansir. Traes a mi mente una nueva visión de las cosas. Me haces tomar conciencia de la razón por la que nunca hemos tenido nuestra parte de riqueza. Nunca la hemos buscado activamente. Tú has trabajado con paciencia para construir los carros más sólidos de Babilonia. Has puesto en ello todos tus esfuerzos y lo has conseguido. Yo me he esforzado en convertirme en un hábil músico, y lo he logrado.

-En lo que nos hemos propuesto triunfar, hemos triunfado. Dios estaba contento de dejarnos continuar así. Por fin, ahora divisamos una luz tan brillante como el amanecer. Nos ordena que aprendamos más para hacernos más prósperos. Encontraremos, con un nuevo entendimiento, maneras honorables de cumplir nuestras metas.

-Vayamos hoy a ver a Arkad, decidió Bansir-. Pidamos a

los amigos de nuestra infancia que tampoco han triunfado que se unan a nosotros y que compartan con nosotros esa sabiduría.

-Eres en verdad un amigo considerado, Bansir. Por eso tienes tantas amistades. Haremos como dices. Vayamos hoy a buscarlos y llevémoslos con nosotros.

2   EL HOMBRE MÁS RICO DE BABILONIA

En la antigua Babilonia vivía un hombre muy rico que se llamaba Arkad. Su enorme fortuna lo hacía admirado en todo el mundo. También era conocido por su prodigalidad. Daba generosamente a los pobres. Era fabuloso con su familia. Gastaba mucho en sí mismo. Pero su riqueza se acrecentaba cada año más de lo que podía gastar.

Un día, unos amigos de la infancia lo fueron a ver y le dijeron:

-Tú, Arkad, eres más afortunado que nosotros. Te has vuelto el hombre más rico de Babilonia mientras que nosotros todavía luchamos por sobrevivir. Tú puedes vestir las más lindas ropas y regalarte con los más raros manjares, mientras nosotros nos hemos de conformar con arropar a nuestras familias de manera apenas decente y alimentarlas tan bien como podemos.

-Sin embargo, en una época fuimos iguales. Estudiamos con el mismo maestro. Jugamos a los mismos juegos. No nos superabas en los juegos ni en los estudios. Y durante esos años no fuiste mejor ciudadano que nosotros.

-Y por lo que podemos percibir, no has trabajado más duro ni más arduamente que nosotros. ¿Por qué entonces te elige a ti la suerte caprichosa para que goces de todas las cosas buenas de la vida y a nosotros, que tenemos los mismos méritos, nos ignora?

-Si no habéis conseguido con qué vivir de manera sencilla desde los años de nuestra juventud -los reprendió Arkad-, es que habéis olvidado aprender las normas que permiten acceder a la riqueza, o también puede ser que no las hayáis observado.

"La Fortuna Caprichosa" es una diosa malvada que no favorece siempre a las mismas personas. Por el contrario, lleva a la ruina a casi todos los hombres sobre los que ha hecho llover oro sin que hicieran algún esfuerzo. Hace actuar de manera desordenada a los derrochadores irreflexivos que gastan todo lo que obtienen, dejándoles tan sólo apetitos y deseos tan enormes que no puedan satisfacerlos. En cambio, otros a los que favorece se vuelven avaros y atesoran sus bienes por miedo a gastar los que tienen, porque saben que no son capaces de reponerlos. Además, siempre temen ser asaltados por los ladrones y se condenan a vivir una vida vacía, solos y miserables. Probablemente existen otros que pueden usar el oro que han ganado sin esfuerzo, hacerlo rendir y continuar siendo hombres felices y ciudadanos satisfechos. Sin embargo, son poco numerosos. Sólo los conozco de oídas. Pensad en los hombres que repentinamente han heredado fortunas y decidme si esto que os digo no es cierto.

Sus amigos pensaron que estas palabras eran verídicas, pues sabían de hombres que habían heredado fortunas. Le pidieron que les explicara cómo se había convertido en un hombre tan rico.

-En mi juventud -continuó-, miré a mi alrededor y vi todas las buenas cosas que me podían dar felicidad y satisfacción, y me di cuenta de que la riqueza aumentaba el poder de esos bienes.

-La riqueza es un poder, la riqueza hace posible muchas cosas.

-Permite amueblar una casa con los más bellos muebles.

-Permite navegar por mares lejanos.

-Permite degustar finos manjares de lejanos países.

-Permite comprar los adornos del orfebre y del joyero.

-Permite, incluso, construir grandiosos templos para Dios.

-Permite todas esas cosas y aún muchas otras que procuran placer a los sentidos y satisfacción al alma.

-Cuando comprendí todo eso, me prometí que yo tendría mi parte de las cosas buenas de la vida. Que no sería uno de esos que se mantienen al margen, mirando con envidia cómo los otros gozan de su fortuna. No me conformaría con ropas menos caras que sólo serían respetables. No me contentaría con la vida de un pobre hombre. Al contrario, estaría invitado al banquete de las buenas cosas.

-Siendo, como ya sabéis, el hijo de un humilde comerciante, y miembro de una familia numerosa, no tenía ninguna esperanza de heredar, y no estaba especialmente dotado de fuerza o de sabiduría, como habéis dicho con tanta franqueza; así que decidí que si quería tener lo que quería necesitaría dedicar tiempo y estudio.

-En cuanto al tiempo, todas las personas lo tienen en abundancia. Vosotros habéis dejado pasar el tiempo necesario para enriquecerse. Y sin embargo admitís que no tenéis otros bienes que mostrar que vuestras buenas familias, de las que tenéis motivo de estar orgullosos.

-En lo referente al estudio, ¿No nos enseñó nuestro sabio profesor que posee dos niveles? Las cosas que ya hemos aprendido y que ya sabemos; y la formación que nos muestra cómo descubrir las que no sabemos.

Así decidí buscar qué había que hacer para acumular fortunas, y cuando lo encontré, me creí en la obligación de hacerlo y de hacerlo bien. Pues, ¿Acaso no es sabio el querer aprovechar la vida mientras nos ilumina el sol, ya que la desgracia pronto se abatirá sobre nosotros en el momento que partamos hacia la negrura del mundo de los espíritus?

Encontré un puesto de escriba en la sala de archivos, en la que, durante largas horas, todos los días trabajaba sobre las tablillas de barro, semana tras semana, mes tras mes. Sin embargo, nada me quedaba de lo que ganaba. La comida, el vestido, lo que correspondía a Dios y otras cosas de las que ya no me acuerdo, absorbían todos mis beneficios. Pero aún estaba decidido.

Y un día Algamish, el prestamista, vino a la casa del señor

de la ciudad y encargó una copia de la novena ley. Me dijo: "La tengo que tener en mi poder dentro de dos días; si el asunto está hecho a tiempo te daré dos monedas de cobre"

Así que trabajé duro, pero la ley era larga y cuando Algamish volvió, no había terminado el trabajo. Estaba enojado. Si hubiera sido su esclavo me habría pegado. Pero como sabía que mi amo no lo habría permitido, no tuve miedo y le pregunté: "Algamish, sois un hombre rico. Decidme cómo puedo hacerme rico y trabajaré toda la noche escribiendo en las tablillas para que cuando el sol se levante la ley esté ya grabada."

Él me sonrió y respondió: "eres un joven astuto, pero acepto el trato".

Pasé toda la noche escribiendo, incluso cuando me dolía la espalda y el mal olor de la lámpara me daba dolor de cabeza, hasta que casi ya no podía ni ver. Pero cuando él regresó al amanecer, las tablillas estaban terminadas.

Ahora –dije- cumple tu promesa.

-Tú has hecho tu parte del trato, hijo mío -me dijo él bondadosamente- y yo estoy dispuesto a cumplir la mía. Te diré lo que deseas saber porque me vuelvo viejo y a las lenguas viejas les gusta hablar; y cuando un joven se dirige a un viejo para recibir un consejo, bebe de la fuente de la sabiduría que da la experiencia. Demasiadas veces los jóvenes creen que los viejos sólo conocen la sabiduría de los tiempos pasados y de esa manera no sacan provecho de ella. Pero recuerda esto: el sol que brilla ahora es el mismo que brillaba cuando nació tu padre y el mismo que brillará cuando fallezca el último de tus nietos.

-Las ideas de los jóvenes son luces resplandecientes que brillan como meteoros que iluminan el cielo; pero la sabiduría del anciano es como las estrellas filas que lucen siempre iguales, de manera que los marinos puedan confiar en ellas.

-Retén bien estas palabras si quieres captar la verdad de

lo que te voy a decir y no pensar que has trabajado en vano durante toda la noche.

Entonces, bajo las pobladas cejas, sus ojos me miraron fijamente y dijo en voz baja pero firme: "*Encontré el camino de la riqueza cuando decidí que una parte de todo lo que ganaba me tenía que pertenecer.* Lo mismo será verdad para ti."

Después continuó mirándome y su mirada me atravesó; no añadió nada más.

-¿Eso es todo?-, pregunté.

-¡Fue suficiente para transformar en prestamista de oro a un pastor!, respondió.

-Pero puedo conservar todo lo que gano, ¿no?- dije.

-En absoluto –respondió- ¿No pagas al zapatero? ¿No pagas al sastre? ¿No pagas por la comida? ¿Puedes vivir en Babilonia sin gastar? ¿Qué te queda de todo lo que obtuviste durante el año pasado? ¡Idiota! Pagas a todo el mundo menos a ti. Lelo, trabajas para los otros. Lo mismo daría que fueras un esclavo y trabajaras para tu dueño, que te daría lo que necesitas para comer y vestir.

-Si guardaras la décima parte de lo que ganas en un año, ¿cuánto tendrías en diez años?

Mis conocimientos de cálculo me permitieron responder: "tanto como gano en un año".

El replicó: "lo que dices es una verdad a medias. Cada moneda de oro que ahorras es una esclavo que trabaja para ti. Cada una de las pequeñas monedas que te proporcionará ésta, engendrará otras que también trabajarán para ti. ¡Si te quieres hacer rico, tus ahorros te deben rendir y estos rendimientos rendirte a su vez! Todo esto te ayudará a alcanzar la abundancia que tanto ansías.

-Crees que te pago mal por la larga noche de trabajo –

continuó-, pero en verdad te pago mil veces; sólo hace falta que captes la verdad de lo que te he presentado.

-Una parte de lo que tú ganas es tuyo y lo puedes conservar. No debe ser menos de una décima parte, sea cual sea la cantidad que tú ganes. Puede ser mucho más cuando te lo puedas permitir. Primero págate a ti. No compres al zapatero o al sastre más de lo que puedas pagar con lo que te quede, de manera que tengas lo necesario para la alimentación, la caridad y la devoción a Dios.

-La riqueza, como el árbol, nace de una semilla. La primera moneda que ahorres será la semilla que hará germinar el árbol de tu riqueza. Cuanto antes siembres, antes crecerá el árbol. Cuanto más fielmente riegues y abones tu árbol, antes te refrescarás, satisfecho, bajo su sombra.

Habiendo dicho esto, cogió sus tablillas y se fue.

Reflexioné mucho en lo que me había dicho y me pareció razonable. Así que decidí que lo intentaría. Cada vez que me pagaban, tomaba una moneda de cobre de cada diez y la guardaba. Y por raro que parezca, no me faltaba más dinero que antes. Tras habituarme, casi ni me daba cuenta, pero a menudo estaba tentado de gastar mi tesoro, que empezaba a aumentar, para comprar algunas de las buenas cosas que mostraban los mercaderes, cosas traídas por los camellos y los barcos del país de lo fenicios. Pero me retenía prudentemente.

Doce meses después de la visita de Algamish, este volvió y me dijo: "Hijo mío, ¿te has pagado con la décima parte de lo que has ganado este año?"

Yo respondí orgulloso: "Sí, maestro".

-Bien -respondió contento- ¿qué has hecho con ella?

-Se la he dado a Azmur, el fabricante de ladrillos. Me ha dicho que viajaría por mares lejanos y que compraría joyas raras a los fenicios en Tiro, para luego venderlas aquí a elevados precios, y que compartiríamos las ganancias.

-Se aprende a golpes –gruñó- ¿Cómo has podido confiar en un fabricante de ladrillos sobre una cuestión de joyas? ¿Irías a ver al panadero por un asunto de las estrellas? Seguro que no, si pensaras un poco irías a ver a un astrónomo. Has perdido tus ahorros, mi joven amigo; has cortado tu árbol de la riqueza de raíz. Pero planta otro. Y la próxima vez, si quieres un consejo sobre joyas, ve a ver a un joyero. Si quieres saber la verdad sobre los corderos, ve a ver al pastor. Los consejos son una cosa que se da gratuitamente, pero toma tan sólo los buenos. Quien pide consejo sobre sus ahorros a alguien que no es entendido en la materia habrá de pagar con sus economías el precio de la falsedad de los consejos.

Tras decir esto, partió. Y pasó como predijo, pues los fenicios resultaron ser unos canallas, y habían vendido a Azmur trozos de vidrio sin valor que parecían piedras preciosas. No obstante, como me había indicado Algamish, volví a ahorrar una moneda de cobre de cada diez que ganaba. Ya me había acostumbrado y no me era difícil.

Doce meses más tarde, Algamish volvió a la sala de los escribas y se dirigió a mí. «¿Qué progresos has realizado desde la última vez que te vi?»

-Me he pagado regularmente –repliqué- y he confiado mis ahorros a Ager, el fabricante de escudos, para que compre bronce, y cada cuatro meses me paga los intereses.

-Muy bien. ¿Y qué haces con esos intereses?"

-Me doy un gran festín con miel, buen vino y pastel de especias. También me he comprado una túnica escarlata. Y algún día me compraré un asno joven para poderme pasear.

Al oír eso, Algamish rió: "Te comes los beneficios de tus ahorros. Así, ¿cómo quieres que trabajen para ti? ¿Cómo pueden producir a su vez más beneficios que trabajen para ti? Procúrate primero un ejército de esclavos de oro, y después podrás gozar de los banquetes sin preocupación."

Tras esto, no lo volví a ver en dos años. Cuando regresó, su rostro estaba cubierto de arrugas y tenía los ojos hundidos, ya que se estaba poniendo viejo. Me dijo: "Arkad, ¿ya eres rico, tal como soñabas?"

Y yo respondí: "No, todavía no poseo todo lo que deseo, sólo una parte, pero obtengo beneficios que se van multiplicando."

-¿Y todavía pides consejo a los fabricantes de ladrillos?

-Respecto a la manera de fabricar ladrillos, dan buenos consejos- repliqué.

-Arkad- continuó- has aprendido bien la lección. Primero aprendiste a vivir con menos de lo que ganabas, después, supiste pedir consejo a hombres que fueran competentes gracias a la experiencia adquirida y que quisieran compartirla, y finalmente has aprendido a hacer que tu dinero trabaje para ti. Has aprendido por ti mismo la manera de conseguir dinero, de conservarlo y de hacer uso de él, de modo que eres competente y estás preparado para asumir un puesto de responsabilidad. Yo me hago viejo, mis hijos sólo piensan en gastar y nunca en ganar. Mis negocios son muy grandes y tengo miedo de no poderme encargar de ellos. Si quieres ir a Nipur a encargarte de mis tierras allí, te haré mi socio y repartiremos los beneficios.

Así que fui a Nipur y me encargué de los negocios importantes; y como estaba lleno de ambición y había aprendido las tres reglas de gestión de la riqueza, pude aumentar grandemente el valor de su patrimonio, de manera que cuando el espíritu de Algamish se fue al mundo de las tinieblas, tuve derecho a una parte de sus propiedades, como él había convenido conforme a la ley.

Así habló Arkad, y cuando hubo acabado de contar su historia, uno de los amigos habló.

-Tuviste una gran suerte de que Algamish te hiciera su heredero- dijo.

-Solamente tuve la gran suerte de querer prosperar antes de encontrarlo. ¿Acaso no probé durante cuatro años mi determinación al reservar una décima parte de lo que ganaba? ¿Dirías que tiene suerte el pescador que pasa largos años estudiando el comportamiento de los peces y consigue atraparlos gracias a un cambio del viento, tirando sus redes en el momento justo? La oportunidad es una diosa arrogante que no malgasta el tiempo con los que no están preparados.

-Hiciste prueba de mucha voluntad cuando continuaste después de haber perdido los ahorros de tu primer año. ¡Fuiste extraordinario! -exclamó otro.

-¡Voluntad! -replicó Arkad-. ¡Qué absurdo! ¿Creéis que la voluntad da al hombre la fuerza para levantar un fardo que no puede transportar un camello o que no puede tirar un buey? La voluntad no es más que la determinación inflexible de llevar a cabo lo se ha impuesto.

Cuando yo asumo un trabajo, por pequeño que sea, lo acabo. De otro modo, ¿cómo podría confiar en mí mismo para realizar trabajos importantes? Si me propongo que durante cien días, cada vez que pase por el puente que lleva a la ciudad cogeré una piedra y la tiraré al río, lo haré. Si el séptimo día pasó sin acordarme, no me digo que pasaré el día siguiente, tiraré dos piedras, y será igual. En vez de eso daré la vuelta y tiraré la piedra al río. El vigésimo día no me diré que todo esto es inútil ni me preguntaré de qué sirve tirar piedras al río cada día, «podrías tirar un puñado de piedras y habrías acabado todo». No, no diré eso ni lo haré, cuando me impongo un trabajo lo hago, de manera que procuro no comenzar labores difíciles o imposibles porque me gusta tener tiempo ocioso.

Entonces, otro de los amigos elevó la voz.

-Si lo que dices es cierto -dijo-, y si, como has expuesto, es razonable, entonces todos los hombres podrían hacerlo, y si todos lo hicieran, no habría suficiente riqueza para todo el mundo.

-La riqueza aumenta cada vez que los hombres gastan sus energías -respondió Arkad-. Si un hombre rico se construye un nuevo palacio, ¿se pierde el oro con el que paga? No, el fabricante de ladrillos tiene una parte, el trabajador otra, el artista la suya. Y todos los que trabajan, en la edificación del palacio reciben una parte. Y cuando el palacio está terminado, ¿acaso no tiene el valor de lo que ha costado? ¿Y el terreno sobre el que está construido no adquiere por este hecho más valor? La riqueza crece mágicamente. Ningún hombre puede predecir su límite. ¿Acaso no han levantado los fenicios grandes ciudades en áridas costas gracias a las riquezas traídas por sus barcos mercantes?

-¿Qué nos aconsejas para que nosotros también nos hagamos ricos?- preguntó uno de los amigos -Los años han ido pasando, ya no somos jóvenes y no tenemos dinero ahorrado.

-Os recomiendo que pongáis en práctica los sabios principios de Algamish; y decíos: una parte de todo lo que gano me revierte y la he de conservar. Decidlo cuando os levantéis, al mediodía, por la tarde, cada hora de cada día. Repetidlo hasta que estas palabras resalten como letras de fuego en el cielo. Impregnaos de este concepto. Llenaos de este pensamiento. Tomad la porción que os parezca prudente de lo que ganáis, que no sea menos de la décima parte, y conservadla. Organizad vuestros gastos en concordancia. Pero lo primero es guardar esa parte. Pronto conoceréis la agradable sensación de poseer un tesoro que sólo os pertenece a vosotros, que a medida que aumenta, os estimula. Un nuevo placer de vivir os entusiasmará. Si hacéis mayores esfuerzos, obtendréis más. Si vuestros beneficios crecen, aunque el porcentaje sea el mismo, vuestras ganancias serán mayores, ¿no?. Cuando lleguéis a este punto, aprended a hacer trabajar vuestro oro para vosotros, hacedlo vuestro esclavo. Haced que sus hijos y los hijos de sus hijos trabajen para vosotros. Aseguraos una renta para el futuro, mirad a los ancianos y no olvidéis que vosotros seréis uno de ellos.

Invertid vuestro patrimonio con la mayor cautela para no perderlo. Los intereses de los usureros son irresistibles cantos de sirena que atraen a los imprudentes hacia las rocas de la perdición y el arrepentimiento. Vigilad que vuestra familia no pase necesidad si Dios os llama a su reino. Para asegurarle esta protección, siempre se pueden ir desembolsando pequeñas cantidades a intervalos regulares. El hombre prudente no confía en recibir una gran suma de dinero si no lo ha visto antes. Consultad a los hombres sabios. Buscad el consejo de quienes manejan dinero todos los días. Permitid que os ahorren errores como el que yo cometí. Al confiar mi dinero al juicio de Azmur, el fabricante de ladrillos. Es preferible un pequeño interés seguro a un gran riesgo. Aprovechad la vida mientras estáis en este mundo, no hagáis demasiadas economías. Si la décima parte de lo que ganáis es una cantidad razonable que podéis ahorrar, contentaos con esa porción. A parte de esto, vivid de manera conforme con vuestros ingresos y no os volváis roñosos ni tengáis miedo de gastar. La vida es bella y está llena de placeres buenos que podéis disfrutar.

Tras decir esto, sus amigos le dieron las gracias y se fueron. Algunos permanecían mudos porque no tenían imaginación y no podían comprender, otros sentían rencor porque pensaban que alguien tan rico había podido compartir su dinero con ellos, pero unos terceros tenían un nuevo brillo en la mirada. Habían comprendido que Algamish había vuelto a la sala de los escribas para ver atentamente a un hombre que se estaba trazando un camino hacia la luz. Una vez hubiera encontrado la luz, ya tendría una posición. Sabían que nadie podía ocupar este lugar sin antes haber llegado a comprender todo esto por sí mismo y sin estar dispuesto a aprovechar la ocasión cuando se presentara.

Estos últimos fueron los que, durante los años siguientes, visitaron asiduamente a Arkad, quien los recibía alegremente. Les aconsejó y les dio su sabiduría gratuitamente como gustan de hacer siempre los hombres de larga experiencia. Les ayudó a invertir sus ahorros de manera que les dieran un interés seguro y no fueran malgastados en malas inversiones que no habrían dado beneficio alguno.

El día que tomaron conciencia de la verdad que había sido trasmitida de Algamish a Arkad y de Arkad a ellos, fue un acontecimiento en sus vidas.

Una parte de lo que ganáis revierte en vosotros, conservadla.

3   LOS SIETE MEDIOS DE LLENAR UNA BOLSA VACÍA

PROCLAMACION REAL

Que todos los hombres posean riqueza. Mi gente, el propósito del Rey.

Babilonia, nuestra amada ciudad. Es la más rica del mundo. Posee riquezas en oro indecibles.

Debido a unos cuantos ciudadanos acaudalados, conocedores de las leyes de la fortuna, se han convertido en hombres extremadamente ricos. Puesto que la mayoría del pueblo desconoce estas leyes, ellos permanecen en la pobreza.

Por tanto, que todos mis leales súbditos aprendan estas leyes y sean capaces de adquirir el oro. He de ordenar que la sabiduría de los ricos sea enseñada a mi gente.

Sea de conocimiento que yo, el Rey, he apartado siete días para el estudio devoto de las leyes de la riqueza. Desde el séptimo día de la primera luna, ordeno a todos mis leales súbditos buscar profesores que nombraré en cada zona de la ciudad, que todos y cada uno de ellos compartan equitativamente sus tesoros de sabiduría.

SARGON
Rey de Babilonia

La grandeza de Babilonia persiste a través de los siglos, ha conservado la reputación de haber sido una de las ciudades más prósperas y con tesoros más fabulosos.

No siempre fue así. Las riquezas de Babilonia son el producto de la sabiduría de sus habitantes, que primero tuvieron que aprender la manera de hacerse ricos.

Cuando el buen rey Sargón regresó a Babilonia después de vencer a los elamitas, sus enemigos, se encontró ante una situación grave; el canciller real le explicó las razones de ello.

-Tras varios años de gran riqueza que nuestro pueblo debe a Su Majestad, que ha construido sendos canales de riego y grandes templos para Dios, ahora que las obras se han acabado, el pueblo parece no poder costear sus necesidades.

-Los obreros no tienen trabajo, los comerciantes tienes escasos clientes, los agricultores no pueden vender sus productos, el pueblo no tiene oro suficiente para comprar alimentos.

-¿Pero a dónde ha ido todo el dinero que hemos gastado en esas mejoras?- preguntó el rey.

-Me temo mucho que ha ido a parar a manos de algunos pocos hombres muy ricos de nuestra ciudad -respondió el canciller-. Ha pasado por entre los dedos de la mayoría de nuestras gentes tan rápido como la leche de cabra pasa por el colador. Ahora que la fuente de oro ha dejado de surtir, la mayor parte de los ciudadanos vuelven a poseer nada.

-¿Por qué tan pocos hombres pudieron conseguir todo el oro?- preguntó el rey después de mantenerse dubitativo durante unos instantes.

—Porque sabían cómo hacerlo —respondió el canciller—. No se puede castigar a un hombre porque logra el éxito; tampoco se puede, en buena justicia, cogerle el dinero que ha ganado honradamente para dárselo a los que no han sido capaces de hacer otro tanto.

—¿Pero por qué no pueden todos los hombres aprender a hacer fortuna y así hacerse ricos?

—Vuestra pregunta contiene su propia respuesta, Vuestra Majestad, ¿quién posee la mayor fortuna de la ciudad Babilonia?

—Es cierto, mi buen canciller, es Arkad. Es el hombre más rico de Babilonia, tráemelo mañana.

Al día siguiente, como había ordenado el rey, se presentó ante él Arkad, bien derecho y con la mente despierta a pesar de su avanzada edad.

—¿Poseías algo cuando empezaste?

—Sólo un gran deseo de riqueza. Además de eso, nada.

—Arkad —continuó el rey—, nuestra ciudad se encuentra en una situación muy delicada porque son pocos los hombres que conocen la manera de adquirir riquezas. Esos babilonios monopolizan el dinero mientras la masa de ciudadanos no sabe cómo actuar para conservar una parte del oro que recibe en pago. Deseo que Babilonia sea la ciudad más rica del mundo, y eso significa que debe haber muchos hombres ricos. Tenemos que enseñar a toda la población cómo puede conseguir riquezas. Dime, Arkad, ¿existe un secreto para hacerlo? ¿Puede ser transmitido?.

—Es un asunto práctico, Vuestra Majestad. Todo lo que sabe un hombre puede ser enseñado.

—Arkad —los ojos del rey brillaban—, has dicho justamente las palabras que quería oír. ¿Te ofrecerías para esa gran causa? ¿Enseñarías tu ciencia a un grupo de maestros? Cada uno de ellos podría enseñar a otros hasta que hubiera un número suficiente de educadores para instruir a todos los súbditos capacitados de mi reinado.

—Soy vuestro humilde servidor —dijo Arkad con una reverencia—. Compartiré gustoso toda la ciencia que pueda poseer por el bienestar de mis conciudadanos y la gloria de mi rey. Haced que vuestro buen canciller me organice una clase de cien hombres y yo les enseñaré las siete maneras que han permitido que mi fortuna brotara cuando no había en Babilonia bolsa más vacía que la mía.

Dos semanas más tarde, las cien personas elegidas estaban en la gran sala del Templo del Conocimiento del rey. Estaban sentados en coloreadas alfombras y formaban un semicírculo. Arkad se sentó junto a un pequeño taburete en el que humeaba una lámpara sagrada que desprendía un olor extraño y agradable.

—Mira al hombre más rico de Babilonia —susurró un estudiante al oído de su vecino cuando se levantó Arkad—, no es diferente de nosotros.

—Como leal súbdito de nuestro rey— empezó Arkad—, me encuentro ante vosotros para servirle. Me ha pedido que os transmita mi saber, ya que yo fui, en una época, un joven pobre que deseaba ardientemente poseer riquezas y encontré la forma de conseguirlas. Empecé de la manera más humilde, no tenía más dinero que vosotros para gozar plenamente de la vida, ni más que la mayoría de los ciudadanos de Babilonia.

—El primer lugar donde guardé mis tesoros era una ajada bolsa. Odiaba verla así, vacía e inútil. Deseaba que estuviera abultada y llena, que el oro sonara en su interior. Por eso me esforcé por encontrar las maneras de colmar una bolsa. Encontré siete.

—Os explicaré a vosotros, que os habéis reunido ante mí, estas siete maneras que recomiendo a todos los hombres que quieran conseguir dinero a espuertas. Cada día os explicaré una de las siete, durante siete días. Escuchad atentamente la ciencia que os voy a comunicar; debatid las cuestiones conmigo, discutidlas entre vosotros. Aprended estas lecciones a fondo para que sean la semilla de una riqueza que hará florecer vuestra fortuna. Cada uno debe comenzar a construir sabiamente su fortuna. Cuando ya seáis competentes, y sólo entonces, enseñaréis estas verdades a otros. Os mostraré maneras sencillas de llenar vuestra bolsa. Este es el primer paso que os llevará al templo de la riqueza, ningún hombre puede llegar a él si antes no pone firmemente sus pies en el primer escalón.

-Hoy nos dedicaremos a reflexionar sobre la primera manera.

LA PRIMERA MANERA:

-Empezad a llenar vuestra bolsa.

Arkad se dirigió a un hombre que lo escuchaba con atención desde la segunda fila.

-Mi buen amigo, ¿a qué te dedicas?

-Soy escriba -respondió el hombre-, grabo documentos en tablillas de barro.

-Yo gané las primeras monedas haciendo el mismo trabajo. De manera que tienes las mismas oportunidades de amasar una fortuna que yo-

Después habló a un hombre de rostro moreno que se encontraba más atrás –Dime, por favor, con qué trabajo te ganas el pan. -Soy carnicero -respondió el hombre-. Compro cabras a los granjeros y las sacrifico, vendo la carne a las mujeres y la piel a los fabricantes de sandalias.

-Dado que tienes un trabajo y un salario, tienes las mismas armas que tuve yo para triunfar.

Arkad preguntó a todos cómo se ganaban la vida, procediendo de la misma manera.

-Ya veis, queridos estudiantes- dijo cuando hubo terminado de hacer preguntas-, que hay varios trabajos y oficios que permiten al hombre ganar dinero. Cada uno de ellos es un filón de oro del que el trabajador puede obtener una parte para su propia bolsa gracias a su esfuerzo. Podemos decir que la riqueza es un río de monedas de plata, grandes o pequeñas según vuestra habilidad. ¿No es así?

Todos estuvieron de acuerdo.

-Entonces -continuó Arkad-, si uno de vosotros desea acumular un tesoro propio, ¿no sería cuerdo comenzar usando esta fuente de riqueza que ya conocemos? También todos estuvieron de acuerdo. En ese momento Arkad se volvió hacia un hombre humilde que había declarado ser vendedor de huevos. -¿Qué pasará si tomas una de vuestras cestas y todas las mañanas colocas en ella diez huevos y por la noche retiras nueve?

-Que al final rebalsarán.

-¿Por qué?

-Porque cada día pongo uno más de los que quito.

Arkad se volvió hacia toda la clase, sonriendo.

-¿Hay alguien aquí que tenga la bolsa vacía? preguntó.

Los hombres se miraron divertidos, rieron y finalmente sacudieron sus bolsas, bromeando.

-Bien -continuó Arkad-. Ahora conoceréis el primer método para llenar los bolsillos. Haced justamente lo que he sugerido al vendedor de huevos. De cada diez monedas que ganéis y guardéis en vuestra bolsa, retirad sólo nueve para gastar. Vuestra bolsa empezará a abultarse rápidamente, aumentará el peso de las monedas y sentiréis una agradable sensación cuando la sopeséis. Esto os producirá una satisfacción personal. No os burléis de lo que os digo porque os parezca simple. La verdad siempre lo es. Ya os he dicho que os contaría cómo amasé mi fortuna.

Así fueron mis comienzos, yo también he tenido la bolsa vacía y la he maldecido porque no contenía algo con lo que pudiera satisfacer mis deseos. Pero cuando empecé a sacar sólo nueve de cada diez monedas que metía, empezó a abultarse. Lo mismo le ocurrirá a la vuestra.

-Os diré una extraña verdad cuyo principio desconozco. Cuando empecé a gastar sólo las nueve décimas partes de lo que ganaba me arreglé igual de bien que cuando lo ocupaba todo. No tenía menos dinero que antes. Además, con el tiempo, obtenía dinero con más facilidad. Es seguramente una ley de Dios, que hace que, para los que no gastan todo lo que ganan y guardan un parte es más fácil conseguir dinero, tal como el oro no va a parar a manos de quien tiene los bolsillos vacíos.

-¿Qué deseáis con más fuerza? ¿Satisfacer los deseos de cada día, joyas, muebles, mejores ropas, más comida: cosas que desaparecen y olvidamos fácilmente? ¿O bienes sustanciales como el oro, las tierras, los rebaños, las mercancías, los beneficios de las inversiones? Las monedas que tomáis de vuestra bolsas os darán las primeras cosas; las que no retiráis, los segundas bienes que os he enumerado.

-Este es, queridos estudiantes, el primer medio que he descubierto para llenar una bolsa vacía: de cada diez monedas que ganéis, gastad sólo nueve. Discutidlo entre vosotros. Si alguno puede probar que no es cierto, que lo diga mañana cuando nos volvamos a encontrar.

LA SEGUNDA MANERA:

Controlad vuestros gastos.

Algunos de vosotros me habéis preguntado "¿Cómo puede

un hombre guardar la décima parte de lo que gana cuando ni las diez décimas partes son suficientes para pagar sus necesidades más urgentes?"- se dirigió Arkad a los estudiantes el segundo día.

-¿Cuántos de vosotros teníais ayer una fortuna más bien escasa?

-Todos- respondió la clase.

-Y sin embargo no ganáis todos lo mismo. Algunos ganan mucho más que otros. Algunos tienen familias más numerosas que alimentar. Y en cambio, todas las bolsas estaban igual de vacías. Os diré una verdad que concierne a los hombres y a sus hijos: los gastos que llamamos obligatorios siempre crecen en proporción a nuestros ingresos si no hacemos algo para evitarlo. No confundáis los gastos obligatorios con vuestros deseos. Todos vosotros y vuestras familias tenéis más deseos de los que podéis satisfacer. Usáis vuestro dinero para satisfacer, dentro de un límite, estos deseos, pero aún os quedan muchos sin cumplir.

-Todas las personas se debaten contra más deseos de los que puede realizar. ¿Acaso creéis que, gracias a mi riqueza, yo los puedo satisfacer todos? Es una idea falsa. Mi tiempo es limitado, mis fuerzas son finitas, las distancias que puedo recorrer son limitadas, lo que puedo comer, los placeres que puedo sentir son limitados. Os digo esto para que comprendáis que los deseos germinan libremente en el espíritu del hombre cada vez que hay una posibilidad de satisfacerlos, de la misma manera que las malas hierbas crecen en el campo cuando el labrador les deja un espacio. Los deseos son muchos pero los que pueden ser satisfechos, pocos.

-Estudiad atentamente vuestros hábitos de vida. Descubriréis que la mayoría de las necesidades que consideráis como básicas pueden ser minimizadas o suprimidas. Que sea vuestra divisa el apreciar al cien por ciento el valor de cada moneda que gastéis.

-Escribid en una tablilla todas las cosas que causen

gastos. Elegid los gastos que son obligatorios y los que están dentro de los límites de los nueve décimos de vuestros ingresos. Olvidad el resto y consideradlo sin pesar como parte de la variedad de deseos que deben quedar sin satisfacción.

-Estableced una lista de gastos obligatorios. No toquéis la décima parte destinada a engrosar vuestra bolsa, haced que sea vuestro gran deseo y que se vaya cumpliendo poco a poco. Continuad trabajando según el presupuesto, continuad ajustándolo según vuestras necesidades. Que el presupuesto sea vuestro primer instrumento en el control de los gastos de vuestra creciente fortuna.

Entonces, uno de los estudiantes vestido con una túnica roja y dorada se levantó.

-Soy un hombre libre -dijo-. Creo que tengo derecho a gozar de las cosas buenas de la vida. Rechazo la esclavitud de presupuesto que fija la cantidad exacta de lo que puedo gastar, y en qué. Me parece que eso me impedirá gozar de muchos de los placeres de la vida y me hará tan insignificante como un asno que lleva un pesado fardo.

-¿Quién, amigo mío, decidirá tu presupuesto?- Replicó Arkad.

-Yo mismo- protestó el joven.

-En el caso de que un asno decidiera su carga, ¿tú crees que incluiría joyas, alfombras y pesados lingotes de oro? No lo creo, pondría heno, granó y una piel llena de agua para el camino por el desierto. El objetivo del presupuesto es ayudar a aumentar vuestra fortuna; os ayudará a procuraros los bienes necesarios y, en cierta medida, a satisfacer parte de los otros, os hará capaces de cumplir vuestros mayores deseos defendiéndolos de los caprichos fútiles. Coma la luz brillante en una cueva oscura, el presupuesto os muestra los agujeros de vuestra bolsa y os permite taparlos y controlar los gastos en función de metas definidas y más satisfactorias.

-Esta es la segunda manera de conseguir dinero. Presupuestad los gastos de manera que siempre tengáis dinero para pagar los que son inevitables, vuestras distracciones y para satisfacer los deseos aceptables sin gastar más de nueve décimos de vuestros ingresos.

LA TERCERA MANERA:

-Haced que vuestro oro fructifique.

-Supongamos que habéis acumulado una gran fortuna. Que os habéis disciplinado para reservar una décima parte de vuestras ganancias y que habéis controlado vuestros gastos para proteger vuestro tesoro en aumento. Ahora veremos la forma de hacer que vuestro tesoro crezca. El oro guardado dentro de una bolsa contenta al que lo posee y satisface el alma del avaro pero no produce nada. La parte de nuestras ganancias que conservéis no es más que el principio y lo que nos produzca después es lo que amasará nuestras fortunas.

Así habló Arkad a su clase el tercer día:

"¿Cómo podemos hacer que nuestro oro trabaje? La primera vez que invertí dinero, tuve mala suerte porque lo perdí todo. Luego os lo contaré. La primera inversión provechosa que realicé fue un préstamo que hice a un hombre llamado Agar, un fabricante de escudos. Una vez al año compraba pesados cargamentos de bronce importados de mares lejanos y que luego utilizaba para fabricar armamento. Como carecía de capital suficiente para pagar a los mercaderes, lo pedía a los que les sobraba dinero. Era un hombre honrado. Devolvía los préstamos con intereses cuando vendía los escudos. Cada vez que le prestaba dinero, también le prestaba el interés que me había pagado. Entonces, no sólo aumentaba el capital sino que también los intereses. Me satisfacía mucho ver cómo estas cantidades volvían a mi bolsa.

"Queridos estudiantes, os digo que la riqueza de un hombre no está en las monedas que transporta en la bolsa, sino en la fortuna que amasa, el arroyo que fluye continuamente de su fortuna y la va alimentando. Es lo que todos desean. Lo que cualquiera de vosotros anhela: una fuente de ingresos que siga produciendo, estéis trabajando o de viaje.

"He adquirido una gran fortuna, tan grande que se dice que soy muy rico. Los préstamos que le hice a Agar fueron mi primera experiencia en el arte de invertir de forma beneficiosa. Después de esta buena experiencia, aumenté mis préstamos e inversiones a medida que aumentaba mi capital. Cada vez había más fuentes que alimentaban el manantial de oro que fluía hacia mi bolsa y que podía utilizar sabiamente como quisiera.

"Y he aquí que mis modestas ganancias habían engendrado un montón de esclavos que trabajaban y ganaban más oro. Trabajaban para mí igual que sus hijos y los hijos de sus hijos, hasta que, gracias a sus tremendos esfuerzos reuní una fortuna considerable.

"El oro se amasa rápidamente cuando produce unos ingresos importantes, como observaréis en la siguiente historia: un granjero llevó diez monedas de oro a un prestamista cuando nació su primer hijo y le pidió que las prestara hasta que el hijo tuviera veinte años. El prestamista hizo lo que se le pedía y permitió un interés igual a un cuarto de la cantidad cada cuatro años. El granjero le pidió que añadiera el interés al capital porque había reservado el dinero enteramente para su hijo.

"Cuando el chico cumplió veinte años, el granjero acudió a casa del prestamista para preguntar sobre el dinero. El prestamista le explicó que las diez monedas de oro ahora tenían un valor de treinta y una monedas porque gracias al interés compuesto, la cantidad de partida se había acrecentado.

"El granjero estaba muy contento y como su hijo no necesitaba el dinero, lo dejó al prestamista. Cuando el hijo tuvo cincuenta años y el padre ya había muerto, el prestamista devolvió al hijo ciento sesenta y siete monedas. Es decir que, en cincuenta años, el dinero se había multiplicado aproximadamente por diecisiete.

Esta es la tercera manera de llenar la bolsa: hacer producir cada moneda para que se parezca a la imagen de los rebaños en el campo y para que ayude a hacer de estos ingresos el manantial de la riqueza que alimenta constantemente vuestras arcas".

LA CUARTA MANERA:

Proteged vuestros tesoros de cualquier pérdida.

"La mala suerte es un círculo brillante. El oro que contiene una bolsa debe guardarse herméticamente. Si no, desaparece. Es bueno guardar en lugar seguro las sumas pequeñas y aprender a protegerlas antes que Dios nos confíe las más grandes".

Así habló Arkad a su clase el cuarto día:

"Quien posea oro se verá tentado en muchas ocasiones de invertir en cualquier proyecto atractivo. A veces los amigos o familiares impacientes que invierten dinero; hecho que nos puede influir. El primer principio de la inversión consiste en asegurar vuestro capital. ¿Acaso es razonable cegarse por las grandes ganancias si se corre el riesgo de perder el capital? Yo diría que no.

"El castigo por correr este riesgo es una posible pérdida. Estudiad minuciosamente la situación antes de separar parte de vuestro tesoro; cercioraos de que podréis reclamarlo con toda seguridad. No os dejéis arrastrar por los deseos románticos de hacer fortuna fácil.

"Antes de prestar vuestro oro a cualquiera, aseguraos de que el deudor os podrá devolver el dinero y de que goza de un buen nombre. No le hagáis, sin saberlo, un regalo: el tesoro que tanto os ha costado. Antes de invertir vuestro dinero en cualquier terreno, sed conscientes de los peligros que pueden acontecer.

"Mi primera inversión, en aquel momento, fue una tragedia para mí. Confié mis ahorros de un año a un fabricante de ladrillos que se llamaba Azmur, que viajaba por los mares lejanos y por Tiro, y que aceptó comprarme unas extrañas joyas fenicias. Teníamos que vender esas joyas a su vuelta y repartirnos los beneficios. Los fenicios eran unos canallas y vendieron piezas de vidrio coloreado. Perdí mi bien. Hoy, la experiencia impediría que confiara la compra de joyas a un fabricante de ladrillos. Así que os aconsejo, con conocimiento y experiencia, que no confiéis demasiado en vuestra inteligencia y no expongáis vuestros tesoros a posibles trampas de inversión. Es mejor hacer caso a los expertos en el manejo del dinero para hacer que éste produzca. Estos consejos son gratuitos y pueden adquirir rápidamente el mismo valor en oro que la cantidad que se quería invertir. En realidad, este es el valor real si os salva de las pérdidas.

"Esta es la cuarta manera de incrementar vuestra bolsa y es de gran importancia si así evita que se vacíe una vez llena. Proteged vuestro tesoro contra las pérdidas e invertid solamente donde vuestro capital esté seguro o donde podáis reclamarlo cuando así lo deseéis y nunca dejaréis de recibir el interés que os conviene. Consultad a hombres sabios. Pedid consejo a aquellos que tienen experiencia en la gestión rentable del oro. Dejad que su sabiduría proteja vuestro tesoro de inversiones dudosas".

LA QUINTA MANERA:

Haced que vuestra propiedad sea una inversión rentable.

"Si un hombre reserva una novena parte de las ganancias que le permiten vivir y disfrutar de la vida y si una de estas nueve partes puede convertirse en una inversión rentable sin dañarle, entonces sus tesoros crecerán más rápido". Así habló Arkad a su clase en la quinta lección:

"Demasiados babilonios educan a su familia en barrios de mala reputación. Los propietarios son muy exigentes y cobran unos alquileres muy costosos por las habitaciones. Las mujeres no tienen espacio para cultivar las flores que alegran su corazón y el único lugar donde los hijos pueden jugar es en los sucios senderos.

"La familia de un hombre no puede disfrutar plenamente de la vida a no ser que posea un terreno en donde los niños puedan jugar en el campo o donde la mujer pueda cultivar además de flores, sabrosas hierbas para perfumar la comida de su familia.

"El corazón del hombre se llena de alegría si puede comer higos de sus árboles y racimos de uvas de sus viñas. Si posee una casa en un barrio que lo enorgullezca, ello le infunde confianza y le anima a completar todas sus tareas. También recomiendo que todos los hombres tengan un techo que lo proteja tanto a él como a los suyos.

"Cualquier hombre bienintencionado puede poseer una casa. ¿Acaso nuestro rey no ha ensanchado las murallas de Babilonia para que pudiéramos comprar, por una cantidad razonable, muchas tierras inservibles?

"Queridos estudiantes, os digo que los prestamistas tienen en muy buen concepto a los hombres que buscan casa y tierras para su familia. Podéis pedir dinero prestado sin dilación si es con el fin loable de pagar al fabricante de ladrillos o al carpintero, en la medida en que dispongáis de buena parte de la cantidad necesaria.

"Después, cuando hayáis construido el inmueble, podréis pagar al prestamista regularmente igual que hacéis con el propietario. En unos cuantos años habréis devuelto el préstamo, porque cada pago que efectuéis reducirá la deuda del prestamista. Y os alegraréis, tendréis una propiedad en todo derecho y el único pago que realizaréis será el de las tasas reales.

"Y vuestra buena mujer irá al río con más frecuencia para lavar vuestras ropas y cada vez os traerá una piel de cabra llena de agua para regar las plantas. Y el hombre que posea casa propia será bendecido. El costo de su vida se reducirá mucho y hará que pueda destinar gran parte de sus ganancias a los placeres y a satisfacer sus deseos. Ésta es la quinta manera de llenarse la bolsa: poseer una casa propia".

LA SEXTA MANERA:

Asegurar unos ingresos para el futuro.

"La vida de cada hombre va de la infancia a la vejez. Este es el camino de la vida y ningún hombre puede desviarse a menos que Dios lo llame prematuramente al más allá. Por esto, declaro: El hombre es quien debe prever unos ingresos adecuados para su vejez y quien debe preparar a su familia para el tiempo en que ya no esté con ellos para reconfortarlos y satisfacer sus necesidades. Esta lección os enseñará a llenar la bolsa en los momentos en que ya no sea tan fácil para vosotros aprender.

Así se dirigió Arkad a su clase el sexto día:

"El hombre que comprende las leyes de la riqueza y de esta forma obtiene un excedente cada vez mayor, debería pensar en su futuro. Debería planificar algunos ingresos o ahorrar un dinero que le dure muchos años y del que pueda disponer cuando sea el momento.

"Hay distintas formas para que un hombre se procure la necesario para su futuro. Puede buscar un escondrijo y enterrar un tesoro secreto. Pero aunque lo oculte muy hábilmente, este dinero puede convertirse en el botín de los mirones. Por este motivo, no lo recomiendo. Un hombre puede comprar casas y tierras con este fin. Si las escoge juiciosamente en función de su utilidad y de su valor futuro, tendrán un valor que se acrecentará y sus beneficios y su venta le recompensarán según los objetivos que se haya fijado. También puede prestar una pequeña suma de dinero al prestamista y aumentarla a intervalos regulares. Los intereses que el prestamista añada contribuirán ampliamente a aumentar el capital.

"Conozco a un fabricante de sandalias llamado Ausan que me explicó, no hace mucho tiempo, que cada semana, durante ocho años, llevó al prestamista dos monedas. El prestamista le acaba de entregar un estado de cuentas que le ha alegrado mucho. El total de su depósito junto con el interés a una tasa actual de un cuarto de su valor cada cuatro años, le ha producido cuarenta monedas. Le he animado a continuar, demostrándole gracias a mis conocimientos matemáticos, que dentro de doce años sólo depositando semanalmente dos monedas, obtendrá cuatro mil monedas con las que podrá sobrevivir el resto de sus días.

"Seguro que si una contribución regular produce resultados tan provechosos, ningún hombre se puede permitir no asegurarse un tesoro para su vejez y la protección de su familia, sin importar hasta qué punto sus negocios e inversiones actuales son prósperos. Incluso diría más. Creo que algún día habrá hombres que inventarán un plan para protegerse contra la muerte, los hombres sólo pagarán una cantidad mínima regularmente y el importe total constituirá una suma importante que la familia del finado recibirá. Creo que esto es muy aconsejable y lo recomiendo con vehemencia. Actualmente no es posible porque tiene que continuar más allá de la vida de un hombre o de una asociación para funcionar correctamente. Tiene que ser tan estable como el trono real. Creo que algún día existirá un plan como éste y será un gran bendición para muchos hombres, porque hasta el primer pequeño pago pondrá a su disposición una cantidad razonable para la familia del miembro fallecido.

"Como vivimos en el presente y no en los días venideros, tenemos que aprovecharnos de los medios y los métodos actuales para llevar a cabo nuestras metas. Por ello, recomiendo que acumulen bienes para cuando sean viejos de forma sensata y meditada. Pues la desgracia de un hombre incapaz de trabajar para ganarse la vida o de una familia sin cabeza de familia es una tragedia dolorosa.

"Esta es la sexta manera de llenarse la bolsa: preved los ingresos para los días venideros y asegurad así la protección de vuestra familia".

LA SÉPTIMA MANERA:

Aumentad vuestra habilidad para adquirir bienes.

"Queridos estudiantes, hoy voy a hablaros de una de las maneras más relevantes de amasar una fortuna. Pero no os hablaré del oro sino de vosotros, los hombres de vistosas ropas que estáis sentados frente a mí. Voy a hablaros de las cosas de la mente y de la vida de los hombres que trabajan para o contra su éxito. Así habló Arkad a su clase el séptimo día:

"Hace poco tiempo atrás, un joven que buscaba alguien que le prestara dinero me vino a ver. Cuando le pregunté sobre sus necesidades, se quejó de que sus ingresos eran insuficientes para cubrir sus gastos. Le expliqué que en tal caso era un cliente ruin para el prestamista porque no podría devolver el préstamo. Lo que necesitas, -le dije- es ganar más dinero. ¿Qué podrías hacer para aumentar tus ingresos?.

"Todo lo que pueda, respondió. He intentado hablar con mi patrón seis veces durante dos lunas para pedirle un aumento pero no lo he conseguido. No puedo hacer más.

Su simpleza hace reír, pero poseía una gran voluntad de aumentar sus ganancias. Tenía un justo y gran deseo ganar más oro. El deseo debe preceder a la realización. Vuestros deseos tienen que ser fuertes y bien definidos. Los deseos vagos no son más que débiles deseos. El único deseo de ser rico no tiene valor alguno. Un hombre que desea cinco monedas de oro se ve empujado por un deseo tangible que tiene que culminar con urgencia. Una vez que ha aumentado su deseo de guardar en lugar seguro cinco monedas de oro, encontrará la forma de obtener diez monedas, luego veinte y más tarde mil; y de pronto será rico. Si aprende a fijarse un pequeño deseo bien definido, ello lo llevará a fijarse otro más grande. Así es como se construyen las fortunas. Se empieza con cantidades pequeñas y luego se pasa a cantidades más importantes. Así el hombre aprende y se hace más hábil.

"Los deseos tienen que ser pequeños y bien definidos. Si son demasiado numerosos, demasiado complicados o están por encima de las capacidades del hombre que quiere llevarlos a cabo, harán que su objetivo no se cumpla.

"A medida que un hombre se perfecciona en su oficio, su remuneración aumenta. En otros tiempos, cuando era un pobre escriba que grababa en la arcilla por unas cuantas monedas al día, observé que otros trabajadores escribían más que yo y cobraban más. Entonces, decidí que nadie iba a superarme. No tardé mucho tiempo en descubrir el motivo de su gran éxito. Puse más interés en mi trabajo, me concentré más, fui más perseverante y muy pronto pocos hombres podían grabar más tablillas que yo en un día. Poco tiempo después, tuve mi recompensa; no fue necesario ir a ver a mi patrón seis veces para pedirle un aumento.

"Cuantos más conocimientos adquiramos, más dinero ganaremos. El hombre que espera aprender mejor su oficio será recompensado con creces. Si es un artesano puede intentar aprender los métodos y conocer las herramientas más perfeccionadas. Si trabaja en derecho o medicina, podrá consultar e intercambiar opiniones con sus colegas. Si es un mercader, siempre podrá buscar mercancías de mejor calidad que venderá a bajo precio.

"Los negocios de un hombre cambian y prosperan dado que los hombres perspicaces intentan mejorar para ser más útiles. Así que insto a todos los hombres a que progresen y no se queden sin hacer nada, a menos que quieran ser dejados de lado.

"Hay muchas obligaciones que llenan la vida de un hombre de experiencias gratificantes. El hombre que se respeta a sí mismo debe realizar estas cosas y las siguientes:

"Debe pagar sus deudas lo más rápidamente posible y no debe comprar cosas que no pueda pagar.

"Debe solventar las necesidades de su familia para que los suyos lo aprecien.

"Debe hacer un testamento para que, si Dios lo llama, sus bienes sean repartidos justa y equitativamente.

"Debe ser compasivo con los enfermos o los desafortunados y debe ayudarlos. Debe ser previsor y caritativo con los que quiere.

"Así que la séptima y última manera de hacer fortuna consiste en cultivar las facultades intelectuales, estudiar e instruirse, actuar respetándose a sí mismo. De esta forma adquiriréis la auto-confianza suficiente para realizar los deseos en que habéis pensado y que habéis escogido.

"Estas son las siete maneras de hacer fortuna, extraídas de un larga y próspera experiencia de la vida, las recomiendo a los que quieran ser ricos.

"Queridos estudiantes, hay más oro en la ciudad de Babilonia de lo que soñéis poseer. Hay oro en abundancia para todos.

"Avanzad y poned en práctica estas verdades; prosperad y haceos ricos, como os corresponde por derecho. Avanzad y enseñad estas verdades a todos los súbditos honrados de Su Majestad que quieren repartirse las grandes riquezas de nuestra bien amada ciudad".

4 LA FORTUNA

«Si un hombre tiene suerte, es imposible predecir el tamaño de su riqueza. Si lo lanzan al Éufrates, saldrá con una perla en la mano»

Todos desean tener suerte, y ese deseo existía tanto en el corazón de los individuos de hace cuatro mil años como en los de nuestros días. Todos esperamos la gracia de la caprichosa fortuna. ¿Existe alguna manera de poder obtener no sólo su atención, sino también su generosidad?

¿Hay alguna manera de atraer la suerte?

Esto es precisamente lo que los habitantes de la antigua Babilonia querían saber y lo que decidieron descubrir. Eran clarividentes y grandes pensadores. Esto explica que su ciudad se convirtiera en la más rica y poderosa en su época.

En aquella lejana época no existían las escuelas. Sin embargo, había un centro de aprendizaje muy práctico entre los edificios rodeados de torres de Babilonia. Este centro tenía tanta importancia como el palacio los jardines colgantes y los templos de Dios. Ustedes constatarán que en los libros de historia este lugar aparece muy poco, probablemente nada, a pesar de que ejerciera una gran influencia en el pensamiento de aquel entonces.

Este edificio era el Templo del Conocimiento. En él, profesores voluntarios explicaban la sabiduría del pasado y se discutían asuntos de interés popular en asambleas abiertas. En su interior, todos los hombres eran iguales. El esclavo más insignificante podía rebatir impunemente las opiniones del príncipe del palacio real.

Uno de los hombres que frecuentaban el Templo del Conocimiento era Arkad, hombre sabio y opulento del que se decía que era el más rico de Babilonia. Existía una sala especial en la que concurrían, casi todas las tardes, un gran número de hombres, viejos y también jóvenes, pero la mayoría de edad madura; y discutían sobre temas interesantes. Podríamos escuchar lo que decían para verificar si sabían cómo atraer la suerte...

El sol acababa de ponerse, semejante a una gran bola de fuego brillante a través de la bruma del desierto polvoriento, cuando Arkad se dirigió hacia su estrado habitual. Unos cuarenta hombres esperaban su llegada, tumbados en pequeñas alfombras colocadas sobre el suelo. Otros llegaban en ese instante.

-¿De qué vamos a hablar esta tarde? preguntó Arkad.

Tras una breve indecisión, un hombre alto, un tejedor, se levantó, como era costumbre, y le dirigió la palabra.

-Me gustaría escuchar algunas opiniones sobre un asunto. Sin embargo, no sé si formularlo porque temo que os pueda parecer ridículo, y a vosotros también, mis queridos amigos-Apremiado por Arkad y los demás, continuó- Hoy he tenido suerte, ya que he encontrado una bolsa que contenía unas monedas de oro. Me gustaría mucho seguir teniendo suerte y como creo que todos los hombres comparten conmigo esta ilusión, sugiero que hablemos ahora sobre cómo atraer la suerte para que así podamos descubrir las formas que podemos emplear para seducirla.

Un tema realmente interesante -comentó Arkad-. Un tema muy válido. Para algunos, la suerte sólo llega por casualidad, como un accidente, y puede caer sobre alguien por azar. Otros creen que la creadora de la buena suerte es la benévola diosa Ishtar, siempre deseosa de recompensar a sus elegidos por medio de generosos presentes. ¿Qué decís vosotros, amigos? ¿Debemos intentar descubrir los medios de atraer la suerte y que seamos nosotros los afortunados?

-¡Sí, sí! Y todas las veces que sea necesario- dijeron los impacientes y cada vez más numerosos oyentes.

-Para empezar- prosiguió Arkad-, escuchemos a todos los que aquí se encuentren que hayan tenido experiencias parecidas a la del tejedor, que hayan encontrado o recibido, sin esfuerzo por su parte, valiosos tesoros o joyas.

Durante un momento de silencio, todos se miraron, esperando que alguien respondiera, pero nadie lo hizo.

-¡Qué! ¿Nadie? -dijo Arkad- Entonces debe de ser realmente raro tener esa suerte. ¿Quién quiere hacer alguna sugerencia sobre cómo continuar con nuestra investigación?

-Yo - contestó un hombre joven y bien vestido mientras se levantaba-. Cuando un hombre habla de suerte, ¿no es normal que piense en las salas de juego? ¿No es precisamente en esos lugares donde hayamos a hombres que pretenden los favores de la diosa y esperan que los bendiga para recibir grandes sumas de dinero?

-No pares- gritó alguien al ver que el joven volvía a sentarse- sigue con tu historia, dinos si la diosa te ha ayudado en las salas de juego. ¿Ha hecho que en los dados aparezca el rojo para que llenes tu bolsa, o ha permitido que salga la cara azul para que el crupier recoja tus monedas que tanto te ha costado ganar?

-No me importa admitir que ella no pareció darse cuenta de que yo estaba allí- contestó el joven sumándose a las risas de los demás- ¿Y vos? ¿La encontrasteis esperando para hacer que los dados rodasen a vuestro favor? Estamos deseosos de escuchar y de aprender.

-Un buen principio- interrumpió Arkad- Estamos aquí para examinar todas las aristas de cada cuestión. Ignorar las salas de juego sería como olvidar un instinto común en casi todos los hombres: la tentación de arriesgar una pequeña cantidad de dinero esperando conseguir mucho.

-Eso me recuerda las carreras de caballos de ayer -gritó uno de los asistentes-. Si la diosa frecuenta las salas de juego, seguramente no dejará de lado las carreras, con esos carros dorados y caballos espumadores. Es un gran espectáculo. Decidnos sinceramente, Arkad, ¿ayer la diosa no os murmuró que apostarais a los caballos grises de Nínive? Yo estaba justo detrás de vos, y no daba crédito a mis oídos cuando os escuché apostar a los grises. Sabéis tan bien como nosotros que no existe ningún tronco en toda Asiria capaz de llegar antes a la meta que nuestras queridas yeguas en una carrera honesta. ¿Acaso la diosa os dijo al oído que apostarais a los grises, porque en la última curva el caballo negro del interior tropezaría y, de esa forma, molestaría a nuestras yeguas y provocaría que los grises ganaran la carrera y consiguieran una victoria que no habían merecido?

Arkad sonrió con indulgencia.

-¿Por qué pensamos que la diosa de la fortuna se interesaría por la apuesta de cualquiera en una carrera de caballos? Yo la veo como una diosa de amor y de dignidad a la que le gusta colaborar con los necesitados y recompensar a los que lo merecen. No la busco en las salas de juego ni en las carreras donde se pierde más oro del que se gana, sino en otros lugares donde las acciones de los hombres son más valerosas y merecen recibir una recompensa.

-Al cultivador, al honrado comerciante, a los hombres de cualquier ocupación se les presentan ocasiones para sacar provecho tras el esfuerzo y las transacciones realizadas. Quizás no siempre se reciba una recompensa, porque el juicio no sea el más adecuado o porque el tiempo y el viento a veces hacen fracasar los esfuerzos. Pero si se es persistente, normalmente se puede esperar realizar un beneficio, pues tendrá mayores posibilidades de que el beneficio vaya hacia uno. Pero si un hombre arriesga en el juego -continuó Arkad- ocurre exactamente al revés, porque las posibilidades de ganar siempre favorecen al propietario del lugar. El juego está hecho para que el propietario que explota el negocio consiga beneficios. Es su comercio y prevé realizar grandes provechos de las monedas que tuestan los jugadores. Pocos jugadores son conscientes de que sus posibilidades son inciertas, mientras que las del propietario están garantizados. Examinemos, por ejemplo, las apuestas a los dados. Cuando se lanzan, siempre apostamos sobre la caza que quedará a la vista. Si es la roja, el jefe de mesa nos paga cuatro veces lo que hemos apostado, pero si aparece una de las otras cinco caras, perdemos nuestra apuesta. Por lo tanto, los cálculos demuestran que por cada dado lanzado, tenemos cinco posibilidades de perder, pero, como el rojo paga cuatro por uno, tenemos cuatro posibilidades de ganar. En una noche, el jefe de mesa puede esperar guardar una moneda de cada cinco apostadas. ¿Se puede esperar ganar de otra forma que no sea ocasional cuando las posibilidades están organizadas para que el jugador pierda la quinta parte de lo que juega?

-Pero a veces hay hombres que ganan grandes sumas- replicó de forma espontánea uno de los asistentes.

-Es cierto, eso ocurre- continuó Arkad- Me doy cuenta de ello, y me pregunto si el dinero que se gana así, aporta beneficios permanentes a los que la fortuna les sonríe de esta manera. Conozco a muchos hombres de Babilonia que han triunfado en los negocios, pero soy incapaz de nombrar a uno sólo que haya triunfado recurriendo a esa fuente. Vosotros que esta tarde estáis reunidos aquí, conocéis a muchos ciudadanos ricos. Sería interesante saber cuántos han conseguido su fortuna en las salas de juego. ¿Qué os parece si cada uno dice lo que sabe?

Se hizo un largo silencio.

-¿Se incluye a los dueños de las casas de juego?- aventuró uno de los presentes.

-Si no podéis pensar en nadie más -respondió Arkad-, si no se os ocurre ningún nombre, ¿por qué no habláis de vosotros mismos? ¿Hay alguno entre vosotros que gane regularmente en las apuestas y dude en aconsejar esta fuente de sustento?

Entre risas, se oyó que en la parte de atrás algunos refunfuñaban.

-Parece que nosotros no buscamos la suerte en estos lugares cuando la diosa los frecuenta-continuó-. Entonces exploremos otros lugares. Tampoco hemos encontrado sacos de monedas perdidos ni hemos visto a la diosa en las salas de juego. En cuanto a las carreras, debo confesaros que he perdido mucho más dinero del que he ganado. Ahora, analicemos detalladamente nuestras profesiones y nuestros negocios. ¿Acaso no es normal que cuando hacemos un buen negocio, no lo consideramos como algo fortuito, sino como la justa recompensa por nuestros esfuerzos? A veces pienso que ignoramos los presentes de la diosa. Quizá nos ayuda cuando no apreciamos su generosidad. ¿Quién puede hablar del tema?

Dicho esto, un comerciante entrado en años se levantó alisando sus blancas vestimentas.

-Con vuestro permiso, honorable Arkad y mis queridos amigos, quiero haceros una sugerencia. Si, como habéis dicho, nosotros atribuimos nuestros éxitos profesionales a nuestra habilidad, a nuestro propio empeño. ¿Por qué no considerar los éxitos que casi hemos tenido, pero que se nos han escapado, como eventos que habrían sido muy provechosos? Habrían sido raros ejemplos de fortuna si se hubieran realizado. No podemos considerarlos como recompensas justas, porque no se han cumplido. Probablemente aquí hay hombres que pueden contar este tipo de situaciones.

-Esta es una reflexión sabia- comentó Arkad-. ¿Quién de entre vosotros ha tenido la fortuna al alcance de la mano y la ha visto esfumarse en seguida? Se alzaron varias manos; entre ellas, la del comerciante. Arkad le hizo un ademán para que hablara.

-Ya que has sido tú el que has sugerido esta discusión, nos gustaría escucharte en primer lugar.

-Con gusto os contaré una experiencia vivida que servirá

de ilustración para demostrar hasta qué punto la suerte puede acercarse a un hombre y cómo éste puede dejar que se le escape de las manos, a pesar suyo. Hace varios años, cuando era joven recién casado y empezaba a ganarme bien la vida, mi padre vino a verme y me indicó que tenía que hacer una inversión urgentemente. El hijo de uno de sus buenos amigos había descubierto una zona de tierra árida no lejos de las murallas de nuestra ciudad. Estaba situada sobre el canal donde el agua no llegaba. El hijo del amigo de mi padre ideó un plan para comprar esta tierra y construir en ella tres grandes ruedas que, accionadas por unos bueyes, consiguieran traer agua y dar vida al suelo eriazo. Una vez realizado esto, planificó dividir la tierra y vender las partes a los ciudadanos para hacer jardines.

-El hijo del amigo de mi padre no poseía suficiente oro para llevar a cabo tal empresa. Era un hombre joven que ganaba un buen sueldo, como yo. Su padre, como el mío, era un hombre que dirigía una gran familia y con pocos recursos. Por eso, decidió que un grupo de hombres se interesarán por su campaña. El grupo debía estar formado por doce personas con buenas ganancias y que decidieran invertir la décima parte de sus beneficios en el negocio hasta que la tierra estuviera lista para la venta. Entonces, todos compartirían en partes proporcionales los beneficios, según la inversión que hubieran realizado.

-Hijo mío- me dijo mi padre-, ahora eres un hombre joven. Deseo profundamente que empieces a hacer adquisiciones que te permitan un cierto bienestar y el respeto de los demás. Deseo que puedas sacar provecho de mis errores pasados.

-Eso me gustaría mucho, padre- contesté.

-Entonces te aconsejo lo siguiente: haz lo que yo hubiera tenido que hacer a tu edad. Guarda la décima parte de tus beneficios para hacer inversiones. Con la décima parte de tus beneficios y lo que te proporcionarán, podrás, antes de tener mi edad, acumular una gran suma.

-Padre, usted habla con sabiduría. Deseo fervientemente

poseer riquezas, pero ocupo mis gastos en muchas cosas y no sé si hacer lo que me aconseja. Soy joven. Me queda mucho tiempo.

-Yo pensaba igual a tu edad, pero ahora han pasado varios años y todavía no he empezado a acumular bienes.

-Vivimos en una época diferente, padre. No cometeré los mismos errores que usted.

-Se te presenta una oportunidad única, hijo mío. Es una oportunidad que puede hacerte rico. Te lo suplico, no tardes. Ve a ver mañana al hijo de mi amigo y cierra con el trato de invertir en ese negocio el diez por ciento de lo que ganas. Ve sin dilación antes de que pierdas esta ventana que hoy se te abre pronto se cerrará. No esperes.

-A pesar de la opinión de mi padre, dudé. Los mercaderes del Este acababan de traer ropa de tal riqueza y belleza que mi mujer y yo ya habíamos decidido que compraríamos al menos una pieza cada uno. Si hubiera aceptado invertir la décima parte de mis ganancias en esa empresa, hubiéramos tenido que privarnos de esas vestimentas y de otros placeres que deseábamos. No quise pronunciarme hasta que fuera demasiado tarde; fue una mala idea. La empresa resultó más fructífera de lo que se hubiera podido predecir. Esta es mi historia y muestra cómo permití que la fortuna huyera.

-En esta historia vemos que la suerte espera y llega al hombre que aprovecha la oportunidad-comentó un hombre del desierto de tez morena- Siempre tiene que haber un primer momento en el que se adquieren bienes. Puede ser unas monedas de oro o de plata que un hombre consigue de sus ganancias por su primera inversión. Yo mismo poseo varios rebaños. Empecé a comprar animales cuando era un niño, cambiando un joven ternero por una moneda de plata. Este gesto, que simbolizaba el principio de mi riqueza, adquirió gran importancia para mí. Toda la suerte que un hombre necesita debe confluir en la primera adquisición de bienes. Para todos los hombres, este primer paso es el más importante, porque hace que los individuos que ganan su dinero a partir de su propia labor pasen a ser hombres que consiguen dividendos de su oro. Por suerte, algunos hombres aprovechan la ocasión cuando aún son jóvenes y, de esa manera, tienen más éxito financiero que los que aprovechan la oportunidad más tarde o que los hombres desafortunados, como el padre de este comerciante, que no la consiguen jamás.

-Si nuestro amigo comerciante hubiera dado este primer paso de joven, cuando se le presentó la oportunidad, ahora poseería una gran fortuna. Si la suerte de nuestro amigo tejedor le hubiera determinado a dar ese paso por aquel entonces, probablemente ese hubiera sido el primer paso de una suerte mayor.

-A mí también me gustaría hablar- dijo un extranjero, levantándose- Soy sirio. No hablo muy bien vuestro idioma. Me gustaría calificar de alguna manera a este amigo, el comerciante. Quizá penséis que no soy educado, ya que deseo llamarlo de esa forma. Mas, desgraciadamente, no conozco cómo se dice en vuestro idioma y si lo digo en sirio, no me entenderéis. Entonces, decidme, por favor, ¿cómo calificáis a un hombre que tarda en cumplir las cosas que le convienen?

-Contemporizador- gritó uno de los asistentes.

-Eso es- afirmó el sirio, mientras agitaba las manos, visiblemente excitado- No acepta la ocasión cuando esta se presenta. Espera. Dice que está muy ocupado. Hasta la próxima, ya te volveré a ver... La oportunidad no espera a la gente lenta y piensa que si un hombre desea tener suerte, reaccionará con agilidad. Los hombres que no reaccionan con rapidez cuando se presenta la ocasión son grandes contemporizadores, como nuestro amigo comerciante.

El comerciante se levantó y saludó con naturalidad como contestación a las risas.

-Te admiro, extranjero. Entras en nuestro centro y no dudas en decir la verdad.

Y ahora escuchemos otra historia. ¿Quién tiene otra experiencia que compartir?- preguntó Arkad.

-Yo tengo una- contestó un hombre de mediana edad, vestido con una túnica roja- Soy comprador de animales, sobre todo de camellos y caballos. Algunas veces, compro también ovejas y cabras. La historia que voy a contaros muestra cómo la fortuna vino en el momento que menos la esperaba. Quizá sea por eso que la dejé escapar. Podréis sacar vuestras propias conclusiones cuando os lo relate.

-Al volver a la ciudad una tarde, tras un viaje agotador de diez días en busca de camellos, me molestó sobremanera encontrar las puertas de la ciudad cerradas al cal y canto. Mientras mis esclavos montaban nuestra tienda para pasar la noche que preveíamos escasa en comida y agua, un viejo granjero que, como nosotros, se encontraba retenido en el exterior, se acercó.

-Honorable señor- dijo al dirigirse a mí- parecéis un comprador de ganado. Si es así, me gustaría venderos el excelente rebaño de ovejas que traemos. Lamentablemente, mi mujer está muy enferma, tiene fiebre y tengo que volver cuanto antes a mi hogar. Si me compráis las ovejas, mis esclavos y yo podremos hacer el viaje de vuelta sobre los camellos sin perder más tiempo.

-Estaba tan oscuro que no podía ver su rebaño, pero por los balidos supe que era grande. Estaba contento de hacer un negocio con él, ya que había perdido diez días buscando camellos que no había podido encontrar. Me pidió un precio muy razonable porque estaba ansioso. Acepté, pues sabía que mis esclavos podrían franquear las puertas de la ciudad con el rebaño por la mañana, venderlo, y conseguir un buen provecho. Una vez cerrado el trato, llamé a mis esclavos y les ordené que trajeran antorchas para poder ver el rebaño que, según el granjero, estaba compuesto de novecientas ovejas. No quiero aburriros describiendo las dificultades que tuvimos para intentar contar a unas ovejas tan sedientas, cansadas y agitadas. La tarea parecía imposible. Entonces, informé al granjero que las contaría a la luz del día y le pagaría en ese momento.

-Por favor, honorable señor- rogó el granjero -Pagadme sólo dos tercios del precio esta noche, para que pueda ponerme en marcha. Dejaré a mi esclavo más inteligente e instruido para que os ayude a contar las ovejas por la mañana. Es de fiar, os podrá pagar el saldo.

-Pero yo era testarudo y rechacé efectuar el pago esa noche. A la mañana siguiente, antes de que me despertara, las puertas de la ciudad se abrieron y cuatro compradores de rebaños se lanzaron a la búsqueda de ovejas. Estaban impacientes y aceptaron de buen grado pagar el elevado precio, porque la ciudad estaba sitiada y escaseaba la comida. El viejo granjero recibió casi el triple del precio que a mí me había ofrecido por su ganado. Era una oportunidad única que dejé escapar.

-Esta es una historia extraordinaria -comentó Arkad- ¿Qué os sugiere?

-Que hay que pagar inmediatamente cuando estamos convencidos de que nuestro negocio es bueno- sugirió un venerable fabricante de sillas de montar -Si el negocio es bueno, tenéis que protegeros tanto de vuestra propia debilidad como de cualquier hombre. Nosotros, mortales, somos caprichosos. Y, por desgracia, solemos cambiar de idea con mayor facilidad cuando tenemos razón que cuando nos equivocamos, que sin duda es cuando más testarudos nos mostramos. Cuando tenemos razón, tendemos a vacilar y a dejar que la ocasión se escabulla. Mi primera idea es siempre la acertada. Sin embargo, siempre me cuesta forzarme a hacer deprisa y corriendo un negocio una vez que lo he decidido. Entonces, para protegerme de mi propia debilidad, doy un depósito al instante. Esto me impide que más tarde me arrepienta de haber dejado escapar buenas ocasiones.

-Gracias. Me gustaría volver a hablar- El sirio estaba otra vez de pie- Estas historias se parecen. Todas las veces la suerte se va por la misma razón. Todas las veces, trae al contemporizador un plan bueno. En todas las ocasiones, dudan y no dicen "es una buena ocasión, hay que reaccionar con rapidez" ¿Cómo pueden tener éxito de esta forma?

-Tus palabras son sabias, amigo -respondió el comprador- La suerte se ha alejado del contemporizador las dos veces. Pero eso no es nada extraordinario. Todos los hombres tienen la manía de dejar las cosas para después. Deseamos riquezas, pero ¿cuántas veces, cuando se presenta la ocasión, esa manía de contemporizar nos incita a retrasar nuestra decisión? Al ceder a esa manía, nos convertimos en nuestro peor enemigo. Cuando era más joven, no conocía esa palabra que tanto le gusta a nuestro amigo de Siria. Al principio, pensaba que se perdían negocios ventajosos por falta de juicio. Más tarde, creí que era una cuestión de cabezonería. Finalmente, he reconocido de qué se trata: una costumbre de retrasar inútilmente la rápida decisión, una acción necesaria y decisiva. Realmente detesté esta costumbre cuando descubrí su verdadero carácter. Con la amargura de un asno salvaje atado a un carro, he cortado las ataduras de esta costumbre y he trabajado para tener éxito.

-Gracias. Me gustaría hacer una pregunta al comerciantedijo el sirio- Su vestimenta no es la de un pobre. Habla como un hombre que tiene éxito. Decidnos, ¿sucumbís ante la manía de contemporizar?

-Al igual que nuestro amigo comprador, yo también he

reconocido y conquistado la costumbre de contemporizarrespondió el comerciante- Para mí, ha resultado un enemigo temible, siempre al acecho y que esperaba el momento propicio para contrariar mis realizaciones. La historia que he narrado es sólo uno de los abundantes ejemplos que podría contar para mostraros cómo he desaprovechado buenas oportunidades El enemigo se puede controlar fácilmente una vez se le reconoce. Ningún hombre permite de forma voluntaria que un ladrón le robe sus reservas de grano. Como tampoco ningún hombre permite de buen grado que un enemigo le robe la clientela para su propio beneficio. Cuando un día comprendí que la contemporización era mi peor enemigo, la vencí con determinación. Así, todos los hombres deben dominar su tendencia a contemporizar antes de poder pensar en compartir los ricos tesoros de Babilonia.

-¿Qué opina usted, Arkad? Usted es el hombre más rico de Babilonia y muchos sostienen que también es el mas afortunado. ¿Está de acuerdo conmigo en que ningún hombre puede conseguir un éxito total mientras no haya liquidado por completo su manía de contemporizar?

-Eso es cierto- admitió Arkad- Durante mi larga vida, he conocido a hombres que han recorrido las largas avenidas de la ciencia y de los conocimientos que llevan el éxito en la vida. A todos se les han presentado buenas oportunidades. Algunos las aprovecharon inmediatamente y pudieron, de esta manera, satisfacer sus más profundos deseos; pero muchos dudaron y se echaron atrás.

Arkad se giró hacia el tejedor.

-Ya que has sido tú el que nos has sugerido un debate sobre la suerte, dinos lo que opinas al respecto.

-Veo la suerte bajo un nuevo prisma. Creía que era algo deseable que pudiera llegar a cualquier hombre sin que éste realizara esfuerzo alguno. Ahora soy consciente de que no se trata de un acontecimiento que uno puede provocar. He aprendido, gracias a nuestra discusión, que para atraer la suerte, es preciso aprovechar de inmediato las ocasiones que se presentan. Por eso, en el futuro, me esforzaré en sacar el máximo partido posible de las ocasiones que se me presenten.

-Has entendido muy bien las verdades a las que hemos llegado con nuestra discusión-respondió Arkad- La suerte toma a menudo la forma de una oportunidad, pero pocas veces nos viene de otra manera. Nuestro amigo comerciante habría tenido mucha suerte si hubiera aceptado la ocasión que la diosa le brindaba. Nuestro amigo comprador, también habría podido aprovechar su suerte si hubiera completado la compra del rebaño y lo habría vendido consiguiendo un gran beneficio. Hemos seguido con esta discusión para descubrir los medios necesarios para que la suerte nos sonría. Creo que vamos bien encaminados. En las dos historias hemos visto cómo la suerte toma la forma de una oportunidad. De todo esto se desprende la verdad, verdad que por muchas historias parecidas que contáramos no cambiaría: la suerte <u>puede sonreíros si aprovecháis las ocasiones que se presentan</u>. Los que están impacientes por aprovechar las ocasiones que se les presentan para sacarles el máximo provecho posible atraen la atención de la buena diosa. Siempre se apresura en ayudar a los que son de su agrado. Le gustan sobre todo los hombres de acción.

La acción te conducirá hacia el éxito que deseas. A los hombres de acción les sonríe la buena fortuna.

5 LAS CINCO LEYES DEL ORO

-Si pudieras escoger entre una bolsa llena de oro y una tablilla de arcilla donde estuvieran grabadas palabras llenas de sabiduría, ¿qué escogerías?

Arrimados en las vacilantes llamas de una hoguera alimentada con arbustos del desierto, los morenos rostros de los oyentes brillaban, animados por el interés.

-El ORO, el ORO- respondieron a coro los veintisiete asistentes. El viejo Kalabab, que había previsto esta respuesta, sonrió.

-¡Ahg! -continuó, alzando la mano-. Oíd a los perros salvajes a lo lejos, en la noche, aúllan y gimen porque el hambre les corroe las entrañas. Pero dadles comida y observad lo que hacen. Se pelean y se pavonean. Y después siguen peleándose y pavoneándose, sin preocuparse por el futuro.

-Exactamente igual que los hijos de los hombres. Dadles a elegir entre el oro y la sabiduría, ¿qué hacen? Ignoran la sabiduría y malgastan el oro. Al día siguiente, gimen porque ya no tienen oro. El oro está reservado a aquellos que conocen sus leyes y las obedecen.

Kalabab cubrió sus delgadas piernas con la túnica blanca, pues la noche era fría y el viento soplaba con fuerza.

-Porque me habéis servido fielmente durante nuestro largo viaje, porque habéis cuidado bien de mis camellos, porque habéis trabajado duro sin quejaros a través de las arenas del desierto y porque os habéis enfrentado con valentía a los rateros que han intentado despojarme de mis bienes, esta noche voy a contaros la historia de las cinco leyes del oro, una historia como jamás habéis oído. ¡Escuchad, escuchad! Prestad mucha atención a mis palabras para comprender su significado y tenerlas en cuenta en el futuro si deseáis poseer mucha fortuna.

Hizo una pausa impresionante. Las estrellas brillaban en la bóveda celeste. Detrás del grupo se distinguían las descoloridas tiendas que habían sujetado fuertemente, en resguardo de posibles tormentas de arena. Al lado de las tiendas, los fardos de mercancías recubiertos de pieles estaban correctamente apilados. Cerca de allí, algunos camellos tumbados en la arena rumiaban satisfechos, mientras que otros roncaban, emitiendo un sonido grave.

-Ya nos has relatado varias historias interesantes, Kalabab -dijo en voz alta el jefe de la caravana-. En ti vemos la sabiduría que nos guiará cuando tengamos que dejar de servirte.

-Os he contado mis aventuras en tierras lejanas y extranjeras, pero esta noche voy a hablaros de la sabiduría de Arkad, el hombre sabio que es muy rico.

-Hemos oído hablar mucho de él -reconoció el jefe de la caravana-, pues era el hombre más rico que jamás haya vivido en Babilonia.

-Era el hombre más acaudalado, porque usaba el oro con sabiduría, más de lo que cualquier otra persona lo hizo antes. Esta noche voy a hablaros de su gran sabiduría tal como Nomasir, su hijo, me habló de ella hace muchos años en Nínive, cuando yo no era más que un joven.

-Mi maestro y yo nos habíamos quedado hasta bien entrada la noche en el palacio de Nomasir. Yo había ayudado a mi maestro a llevar los grandes rollos de suntuosas alfombras que debíamos mostrar a Nomasir para que éste hiciera su elección. Finalmente, quedó muy conforme y nos invitó a sentarnos con él y beber un vino exótico y perfumado que recalentaba el estómago, bebida a la que yo no estaba acostumbrada. ,Entonces nos contó la historia de la gran sabiduría de Arkad, su padre, la misma que voy a contaros.

-Como sabéis, según la costumbre de Babilonia, los hijos de los ricos viven con sus padres a la espera de recibir su herencia. Arkad no aprobaba esta idea. Así pues, cuando Nomasir tuvo derecho a su herencia, le dijo al joven: "Hijo mío, deseo heredarte mis bienes. Sin embargo, debes demostrar que eres capaz de administrarlos con sabiduría.

Por tanto, quiero que recorras el mundo y que demuestres tu capacidad de conseguir oro y de hacerte respetar. Y para que empieces con buen pie, te daré dos cosas que yo no tenía cuando empecé; siendo un joven pobre, mi fortuna. En primer lugar, te doy este saco de oro. Si lo utilizas con sabiduría, construirás las bases de tu futuro éxito. También te doy esta tablilla de arcilla donde están grabadas las cinco leyes del oro. Sólo serás eficaz y seguro si las pones en práctica en tus propios actos. Dentro de diez años, volverás a casa de tu padre y darás cuenta de tus actos. Si has demostrado tu valor, entonces heredarás mis bienes. De no ser así, los daré a los sacerdotes para que recen por mi alma y pueda ganar la gracia de Dios".

-Así pues, Nomasir partió para vivir sus propias experiencias, llevándose consigo el saco de oro, la tablilla cuidadosamente envuelta en seda, su esclavo y caballos, sobre los que montaron.

-Los diez años pasaron rápidamente y Nomasir, como habían convenido, volvió a casa de su padre, quien organizó un gran festín en su honor, festín al cual estaban invitados varios amigos y parientes. Terminada la cena, el padre y la madre se instalaron en sus asientos ubicados en la gran sala, semejantes a dos tronos, y Nomasir se situó frente a ellos para dar cuenta de sus actos tal como había prometido a su padre.

-Era de noche. En la sala flotaba el humo de las lámparas de aceite que alumbraban débilmente la estancia. Los esclavos vestidos con chaquetones blancos y túnicas batían el húmedo aire con largas hojas de palma. Era una escena solemne. Impacientes por escucharle, la mujer de Nomasir y sus dos jóvenes hijos, amigos y otros miembros de la familia, se sentaron sobre las alfombras detrás de él.

-Padre- empezó con deferencia- me inclino ante vuestra sabiduría. Hace diez años, cuando yo me encontraba en el umbral de la edad adulta, me ordenasteis que partiera y me convirtiera en hombre entre los hombres, en lugar de seguir siendo el simple candidato a vuestra fortuna. Me disteis mucho oro. Me disteis mucha de vuestra sabiduría.

Desgraciadamente, debo admitir, muy a pesar mío, que administré muy mal el oro que me habíais confiado. Se escurrió entre mis dedos, ciertamente a causa de mi inexperiencia, como una liebre salvaje que se salva a la primera oportunidad que le ofrece el joven cazador que la ha capturado.

-El padre sonrió con indulgencia- Continúa, hijo mío, tu historia me interesa hasta el mínimo detalle.

-Decidí ir a Nínive, porque era una ciudad próspera, con la esperanza de poder encontrar allí buenas oportunidades. Me uní a una caravana e hice numerosos amigos. Dos hombres, conocidos por poseer el caballo blanco más hermoso, tan rápido como el viento, formaban parte de la caravana. Durante el viaje, me confiaron que en Nínive había un hombre que poseía un caballo tan rápido que jamás había sido superado en ninguna carrera. Su propietario estaba convencido de que ningún caballo en vida podía correr más deprisa. Estaba dispuesto a apostar cualquier cantidad, por muy elevada que fuera, a que su caballo podía superar a cualquier otro caballo en toda Babilonia. Comparado con su caballo, dijeron mis amigos, no era más que un pobre asno, fácil de vencer. Me ofrecieron, como gran favor, la oportunidad de unirme a ellos en la apuesta. Yo estaba entusiasmado por aquel proyecto tan emocionante. Nuestro caballo perdió y yo perdí gran parte de mi oro. -El padre rió- Más tarde descubrí que era un plan fraudulento organizado por aquellos hombres, y que viajaban constantemente en caravanas en busca de nuevas víctimas. Como podéis suponer, el hombre de Nínive era su cómplice y compartía con ellos las apuestas que ganaba. Esta trampa fue mi primera lección de desconfianza.

-Pronto recibiría otra, tan amarga como la primera. En la caravana, había un joven con el cual me unía la amistad. Era hijo de padres ricos como yo y se dirigía a Nínive para conseguir una situación aceptable. Poco tiempo después de nuestra llegada, me dijo que un rico mercader había muerto y que su tienda, su valiosa mercancía y su clientela estaban a nuestro alcance por un precio más que razonable. Diciéndome que podríamos ser socios a partes iguales, pero que primero tenía que volver a Babilonia para depositar su dinero en un lugar seguro, me convenció para que comprara la mercancía con mi oro. Retrasó su viaje a Babilonia, y resultó ser un comprador poco prudente y malgastador. Finalmente me deshice de él, pero el negocio había empeorado hasta tal punto que ya no quedaba casi nada aparte de mercancías invendibles y yo no tenía más oro para comprar otras. Malvendí lo que quedaba a un israelita por una suma ridícula.

-Los días que siguieron fueron amargos, padre. Busqué trabajo pero no encontré ninguno, pues no tenía un oficio ni una profesión que me hubieran permitido ganar dinero. Vendí mis caballos. Vendí a mi esclavo. Vendí mis ropas de recambio para comprar algo que llevarme a la boca y un lugar donde pernoctar, pero el hambre se hacía sentir cada vez más. Durante aquellos días de miseria, recordé vuestra confianza en mí, padre. Me habíais enviado a la aventura para que me convirtiera en un hombre, y estaba decidido a conseguirlo. -La madre ocultó su rostro y lloró tiernamente.

-En aquel momento me acordé de la tablilla que me habíais dado y en la que habíais grabado las cinco leyes del oro. Entonces leí con mucha atención vuestras palabras de sabiduría y comprendí que si primero hubiera buscado la sabiduría, no hubiera perdido todo mi oro. Memoricé todas las leyes y decidí que cuando la fortuna me volviera a sonreír, me dejaría guiar por la sabiduría de la edad y no por una inexperta juventud.

-En beneficio de los que están aquí sentados, voy a leer las palabras de sabiduría que mi padre hizo grabar en la tablilla de arcilla que me dio hace diez años.

LAS CINCO LEYES DE ORO

"**I**. El oro acude fácilmente, en cantidades siempre mayores importantes, a quien reserva no menos de una décima parte de sus ganancias para crear un bien en previsión de su futuro y el de su familia.

"**II**. El oro trabaja con diligencia y de forma rentable para el poseedor sabio que le encuentra un uso provechoso, multiplicándose incluso como los rebaños en los campos.

"**III**. El oro permanece bajo la protección del poseedor prudente que lo invierte según los consejos de los sabios.

"**IV** El oro escapa al hombre que invierte sin objetivo en empresas que no le son familiares o que no son aprobadas por aquellos que conocen la forma de utilizar el oro.

"**V**. El oro huye del hombre que lo fuerza en ganancias imposibles, que sigue el seductor consejo de defraudadores y estafadores o que seña de su propia inexperiencia y de sus románticas intenciones de inversión".

-Estas son las cinco leyes del oro tal como mi padre las escribió. Afirmo que son mucho más valiosas que el oro mismo.

-Os he hablado de la enorme pobreza y de la desesperación a las que me había conducido mi inexperiencia- de nuevo miró a su padre-. Sin embargo, no hay mal que dure cien años. El fin de mis desventuras llegó cuando encontré un empleo como capataz de un grupo de esclavos que trabajaban en la construcción de la nueva muralla que tenía que rodear la ciudad. Como conocía la primera ley del oro, pude aprovechar esta oportunidad. Reservé una pieza de cobre de mis primeras ganancias, sumando otra siempre que me era posible hasta conseguir una moneda de plata. Era un proceso lento, puesto que tenía que satisfacer mis necesidades. Admito que gastaba con reparo porque estaba decidido a ganar tanto oro como me habíais dado, padre, y antes de que hubieran transcurrido los diez años.

-Un día, el jefe de los esclavos, del cual me había hecho bastante amigo, me dijo: "Sois un joven ahorrador que no gasta a diestro y siniestro todo lo que gana. ¿Tenéis oro reservado que no produce?"

-Sí.- le contesté- Mi mayor deseo consiste en acumular oro para reemplazar el que mi padre me dio y que perdí.

-Es una ambición muy noble, ¿y sabíais que el oro que habéis ahorrado puede trabajar por vos y haceros ganar todavía más oro?

-¡Ay! Mi experiencia ha sido muy dura, porque todo el oro de mi padre ha desaparecido y tengo miedo de que suceda lo mismo con el mío.

Si confiáis en mí, os daré un provechoso consejo respecto a la forma de utilizar el oro -replicó él-. Dentro de un año, la muralla que rodeará la ciudad estará terminada y dispuesta a acoger las grandes puertas centrales de bronce destinadas a proteger la ciudad contra los enemigos del rey. En todo Nínive no hay el metal suficiente para fabricar estas puertas y el rey no ha pensado en conseguirlo. Este es mi plan: varios de nosotros vamos a reunir nuestro oro para enviar una caravana a las lejanas minas de cobre y de estaño para traer a Nínive el metal necesario para fabricar las puertas. Cuando el rey ordene que se hagan las puertas, nosotros seremos los únicos que podremos proporcionar el metal y nos pagará un buen precio. Si el rey no nos compra, siempre podremos revender el metal a un precio razonable.

-En esta oferta reconocí una oportunidad y, fiel a la tercera ley, invertí mis ahorros, siguiendo el consejo de hombres sabios. Tampoco sufrí decepción alguna... Nuestros fondos comunes fueron un éxito y mi cantidad de oro aumentó considerablemente gracias a esta transacción.

Con el tiempo, me aceptaron como miembro del mismo grupo de inversores para otros emprendimientos. Aquellos hombres eran sabios a la hora de administrar provechosamente el oro. Estudiaban cuidadosamente todos los planes presentados antes de pasar a ejecutarlos. No se arriesgaban a perder su capital o a estancarlo en inversiones no rentables que no hubieran permitido recuperar el oro. Empresas insensatas como la carrera de caballos y la asociación de la que había formado parte por culpa de mi experiencia ni siquiera habrían merecido su consideración. Ellos habrían detectado los peligros de esas empresas al instante. Gracias a mi asociación con aquellos hombres, aprendí a invertir mi oro con seguridad, para que me produjera beneficios. Con el paso de los años, mi tesoro aumentaba más deprisa cada vez. No sólo he ganado lo que había perdido, sino que he traído mucho más.

-A lo largo de mis desgracias, mis intentos y mis logros, he puesto a prueba la sabiduría de las cinco leyes del oro repetidamente, padre, y éstas se han revelado justas en cada oportunidad. Para aquel que no conoce las cinco leyes del oro, el oro no acude a él y se gasta rápidamente. Pero para aquel que sigue las cinco leyes, el oro acude a él y trabaja como un fiel esclavo.

-Nomasir dejó de hablar e hizo una señal a un esclavo que se encontraba al fondo de la sala. El esclavo trajo, de uno en uno, tres pesados sacos de cuero. Nomasir tomó uno de los sacos y lo colocó en el suelo frente a su padre dirigiéndose a él una vez más:

-Me habíais dado un saco de oro, de oro de Babilonia. Para reemplazarlo, os devuelvo un saco de oro de Nínive del mismo peso. Todo el mundo estará de acuerdo en que es un intercambio justo. Me habíais dado una tablilla de arcilla con sabiduría grabada en ella. A cambio, os doy dos sacos de oro.»

-Diciendo esto, tomó los otros dos sacos de manos del esclavo y, como el primero, los colocó delante de su padre-. Esto es para demostraros, padre, que considero mucho más valiosa vuestra sabiduría que vuestro oro. Pero ¿quién puede medir en sacos de oro el valor de la sabiduría? Sin sabiduría, aquellos que poseen oro lo pierden rápidamente, pero gracias a la sabiduría, aquellos que no tienen oro pueden conseguirlo, tal como demuestran estos tres sacos. Es una gran satisfacción para mí, padre, poder estar frente a vos y deciros que gracias a vuestra sabiduría he podido llegar a ser rico y respetado por los hombres-. El padre colocó su mano sobre la cabeza de Nomasir con gran afecto

-Has aprendido bien la lección y, verdaderamente, soy

muy afortunado de tener un hijo al que confiar mi riqueza.

Terminado el relato, Kalabab permaneció callado, observando a sus oyentes con aire crítico.

-¿Qué pensáis de la historia de Nomasir? -continuó-. ¿Quién de entre vosotros puede acudir a su padre o a su suegro y dar cuenta de la buena administración de sus ingresos? ¿Qué pensarían esos venerables hombres si les dijerais: "He viajado y aprendido mucho, he trabajado mucho y he ganado mucho pero, ¡ay!, tengo poco oro. He gastado parte de él con sabiduría, otra parte alocadamente y también he perdido otra por imprudencia?"

-¿Todavía creéis que la suerte es la responsable de que algunos hombres posean mucho oro y de que otros no tengan? En ese caso, os equivocáis.

-Los hombres tienen mucho oro cuando conocen las cinco leyes del oro y las respetan.

-Gracias al hecho de haber aprendido las cinco leyes en mi juventud y de haberlas seguido, me he convertido en un mercader acaudalado. No he hecho fortuna por una extraña magia.

-La riqueza que se adquiere rápidamente desaparece rápidamente también.

-La riqueza que permanece para proporcionar alegría y satisfacción a su poseedor, aumenta en forma gradual porque es una criatura nacida del conocimiento y de la determinación.

-Adquirir bienes constituye una carga sin importancia para el hombre prudente. Transportar la carga año tras año con inteligencia permite llegar al objetivo final.

-A aquellos que respetan las cinco leyes del oro, se les ofrece una rica recompensa.

-Cada una de las cinco leyes es rica en significado y, si no habéis comprendido su sentido durante mi relato, voy a repetíroslas ahora. Me las sé de memoria porque, siendo joven, pude constatar su valor y no me hubiera sentido satisfecho mientras no las hubiera memorizado.

La primera ley del oro:

El oro acude fácilmente, en cantidades siempre más importantes, al hombre que reserva no menos de una décima parte de sus ganancias para crear un bien en previsión de su futuro y del de su familia.

El hombre que sólo reserva la décima parte de sus ganancias de forma regular y la invierte con sabiduría, seguramente creará una inversión valiosa que le procurará unos ingresos para el futuro y una mayor seguridad para su familia si llegara el caso de que Dios le volviera a llamar hacia el mundo venidero. Esta ley dice que el oro siempre acude libremente a un hombre así. Yo puedo confirmarlo basándome en mi propia vida. Cuanto más oro acumulo, más oro acude a mí rápidamente y en cantidades crecientes. El oro que ahorro proporciona más, igual que lo hará el vuestro, y estas ganancias proporcionan otras ganancias; así funciona la primera ley.

La segunda ley del oro:

El oro trabaja con diligencia y de forma rentable para el poseedor sabio que le encuentra un uso provechoso, multiplicándose incluso como los rebaños en los campos.

Verdaderamente, el oro es un trabajador voluntarioso. Siempre está impaciente por multiplicarse cuando se presenta la ocasión. A todos los hombres que tienen un tesoro de oro reservado, se les presenta una oportunidad, permitiéndoles aprovecharla. Con los años, el oro se multiplica de manera sorprendente.

La tercera ley del oro:

El oro permanece bajo la protección del poseedor prudente que lo invierte según los consejos de hombres sabios.

El oro se aferra al poseedor prudente, aunque se trate de un poseedor despreocupado. El hombre que busca la opinión de hombres sabios en la forma de negociar con oro, aprende rápidamente a no arriesgar su tesoro y a preservarlo y verlo aumentar gozosamente.

La cuarta ley del oro:

El oro escapa al hombre que invierte sin objetivo en emprendimientos que no le son familiares o que no son aprobadas por aquellos que conocen la forma de utilizar el oro.

Para el hombre que tiene oro, pero que no tiene experiencia en los negocios, muchas inversiones parecen provechosas. A menudo, estas inversiones comportan un riesgo, y los hombres sabios que las estudian demuestran prontamente que son muy poco rentables. Así, el poseedor de oro inexperto que se fía de su propio juicio y que invierte en una empresa con la que no está familiarizado descubre a menudo que su juicio es incorrecto y paga su inexperiencia con parte de su tesoro. Sabio es quien invierte sus tesoros según los consejos de hombres expertos en el arte de administrar el oro.

La quinta ley del oro:

El oro huyó del hombre que lo fuerza en ganancias imposibles, que sigue el seductor consejo de defraudadores y estafadores o que se fía de su propia inexperiencia y de sus románticas intenciones de inversión.

El nuevo poseedor de oro siempre se encontrará con proposiciones estrambóticas que son tan emocionantes como la aventura. Éstas dan la impresión de proporcionar unos poderes mágicos a su tesoro que lo hacen capaz de conseguir ganancias imposibles. Pero, verdaderamente, desconfiad; los hombres sabios conocen bien las trampas que se ocultan tras cada plan que pretende enriquecer de forma repentina. Recordad a los hombres ricos de Nínive que no se arriesgaban a perder su capital ni a estancarlo en inversiones no rentables.

-Aquí termina mi historia de las cinco leyes del oro. Al contárosla, os he revelado los secretos de mi propio éxito. Sin embargo, no se trata de secretos, sino de grandes verdades que todos los hombres deben aprender primero y seguir después si desean escapar de la masa que, como los perros salvajes, se preocupa todos los días por su ración de pan.

-Mañana entraremos en Babilonia. ¡Observad con atención! ¡Mirad la llama eterna que arde en lo alto del Templo de Bel! Ya vemos la ciudad dorada. Mañana, cada uno de vosotros tendrá oro, el oro que tanto os habéis ganado con vuestros fieles servicios.

-Dentro de diez años, contando desde esta noche, ¿qué podréis decir de este oro? Entre vosotros hay hombres que, como Nomasir, utilizarán una parte de su oro para comenzar a acumular bienes y, por consiguiente, guiados por la sabiduría de Arkad, dentro de diez años, no cabe duda alguna, serán ricos y respetados por los hombres, como el hijo de Arkad.

-Nuestros actos sabios nos acompañan a lo largo de la vida para servirnos y ayudarnos. Así, probablemente, nuestros actos imprudentes nos persiguen para atormentarnos. Por desgracia, no se pueden olvidar. Los primeros de los tormentos que nos persiguen son los recuerdos de cosas que tendríamos que haber hecho, oportunidades que se nos ofrecieron pero que no aprovechamos.

-Los tesoros de Babilonia son tan importantes, que ningún hombre es capaz de calcular su valor en piezas de oro. Todos los años adquieren mayor valor. Como los tesoros de todos los países, constituyen una recompensa, la rica recompensa que espera a los hombres resueltos, decididos a conseguir la parte que merecen.

-La fuerza de vuestros propios deseos contiene un poder mágico. Conducid este poder gracias al conocimiento de las cinco leyes del oro y tendréis vuestra parte de los tesoros de Babilonia.

6 EL PRESTAMISTA DE ORO DE BABILONIA

¡Cincuenta monedas de oro! El fabricante de lanzas de la vieja Babilonia nunca había llevado tanto oro en su bolsa de cuero. Volvía feliz caminando a grandes zancadas por el camino real del palacio. El oro tintineaba alegremente en la bolsa que colgaba de su cinturón y se movía con un suave vaivén cada vez que daba un paso, era la música más dulce que hubiera escuchado jamás.

¡Cincuenta monedas de oro! Le costaba creer en su buena suerte. ¡Cuánto poder había en esas piezas que resonaban! Podrían procurarle todo lo que quisiera: una casa enorme, tierras, un rebaño, camellos, caballos, carros, todo.

¿Qué haría con ellas? Aquella noche, mientras tomaba una calle transversal y apresuraba su paso hacia la casa de su hermana, no podía pensar en otra cosa más que en esas pesadas y brillantes monedas que ahora le pertenecían.

Unos días más tarde, al ponerse el sol, Rodan entró perplejo en la tienda de Maton, prestamista de oro y mercader de joyas y telas exóticas. Sin fijarse en los atractivos artículos que estaban ingeniosamente dispuestos a ambos lados, cruzó la tienda y se dirigió a las habitaciones de la parte posterior. Encontró al hombre que buscaba, Maton, tendido en una alfombra y saboreando la comida que le había servido su esclavo negro.

-Me gustaría pediros consejo por cuanto no sé qué hacer.

Rodan estaba de pie con las piernas abiertas y por debajo de la chaqueta de cuero entreabierta se adivinaba su pecho velludo. La figura delgada y pálida de Maton le sonrió y le saludó con afabilidad.

-¿Qué necedades habrás cometido para venir a pedir los favores del prestamista de oro? ¿Has tenido mala suerte en el juego? ¿Acaso alguna mujer te ha desplumado hábilmente? Desde que te conozco, nunca has solicitado de mi para resolver tus asuntos.

-No, no, nada de eso. No busco oro. Vengo porque espero que puedas darme un sabio consejo.

-¡Escuchad, escuchad lo que dice este hombre! Nadie viene a ver al prestamista de oro para que le dé un consejo. Mis oídos me están jugando una mala pasada.

-Oyen correctamente.

-¿Cómo es posible? Rodan, el fabricante de lanzas, es más astuto que nadie. Por eso visita a Maton, no para pedirle que le preste oro, sino para pedirle consejo. Hay muchos que vienen a pedirme oro para pagar sus caprichos pero no quieren que los aconseje. Pero, ¿quién mejor que el prestamista para aconsejar a los muchos hombres que acuden a él? Comerás conmigo, Rodan -continuó diciendo-. Esta noche, tú serás mi invitado. ¡Ando! -ordenó a su esclavo negro-, extiende una alfombra para mi amigo Rodan, el fabricante de lanzas, que ha venido para que le aconseje. Será mi invitado de honor. Tráele mucha comida y el mejor vino para que se complazca en beber. Ahora, dime qué es lo que te acongoja.

-Se trata del regalo del rey.

-¿El regalo del rey? ¿El rey te ha hecho un regalo que te causa problemas? ¿Qué clase de regalo?

-Me dio cincuenta monedas de oro porque le gustó mucho el diseño de las nuevas lanzas de la guardia real y ahora estoy muy apurado. A cualquier hora del día me siento acosado por personas que querrían compartirlas conmigo.

-Es natural, hay muchos hombres que querrían tener más oro del que tienen y, que aquellos que lo obtienen fácilmente lo compartieran con ellos. Pero, ¿no puedes decirles que no? ¿No eres lo bastante fuerte como para defenderte?

-Hay muchos días que puedo decir que no pero otras veces es más fácil decir que sí. ¿Puede alguien negarse a compartir este dinero con su hermana a la que se siente muy unido?

-Seguramente tu hermana no querrá privarte de la alegría de tu recompensa.

-Pero es por amor a su marido Araman, a quien ella desea ver convertido en un rico mercader. Cree que nunca ha tenido suerte y quiere que le preste el oro para que pueda convertirse en un próspero mercader y después devolverme el dinero con los beneficios.

-Amigo mío -prosiguió Maton-. Este asunto que quieres discutir es muy interesante. El oro da a quien lo posee una gran responsabilidad y cambia su posición social frente a los compañeros. Despierta el temor a perderlo o a ser engañado. Produce una sensación de poder y permite hacer el bien. Pero, en otras ocasiones, las buenas intenciones pueden causar problemas.

-¿Has oído hablar alguna vez del granjero de Nínive que era capaz de entender el lenguaje de los animales? No es el tipo de fábula que a los hombres les gusta contar en casa del herrero. Te la voy a contar para que aprendas que en la acción de tomar prestado o de prestar, hay algo más que el paso del oro de una mano a otra.

-El granjero, que entendía lo que decían los animales entre ellos, todas las noches se detenía sólo para escuchar lo que hablaban. Una noche oyó al buey quejarse al asno de la dureza de su destino: "Arrastro el arado desde la mañana hasta la noche. Poco importa que haga calor, que esté cansado o que la yunta me irrite el pescuezo, igualmente tengo que trabajar. En cambio, tú eres una criatura hecha para el ocio. Decorado con una manta de colores, no tienes otra cosa que hacer que llevar a nuestro amo adonde desee ir. Cuando no va a ninguna parte, descansas y paces durante el día entero".

-El asno, a pesar de sus peligrosos cascos, era de naturaleza buena y simpatizaba con el buey. «Amigo mío, respondió, trabajas mucho y me gustaría aliviar tu suerte. Así que te contaré cómo puedes tener un día de descanso. Por la mañana, cuando venga a buscarte el esclavo para la labranza, tiéndete en el suelo y empieza a mugir sin cesar para que diga que estás enfermo y que no puedes trabajar. El buey siguió el consejo del asno y, a la mañana siguiente, el esclavo se dirigió a la granja y le dijo al granjero que el buey estaba enfermo y que no podía arrastrar el arado.

-En este caso, dijo el granjero, unce al asno pues de alguna manera hay que labrar la tierra.

-Durante todo el día el asno, que solamente había querido ayudar a su amigo, se vio forzado a hacer el trabajo del buey. Por la noche, cuando lo desengancharon del arado, tenía el corazón afligido, las piernas cansadas y le dolía el cuello, porque la yunta se lo había irritado.

-El granjero se acercó al corral para escuchar. El buey empezó primero.

-Eres un buen amigo. Gracias a tu sabio consejo, he disfrutado de un día de descanso.

-En cambio yo, replicó el asno, soy un corazón compasivo que empieza por ayudar a un amigo y termina por hacer su trabajo. A partir de ahora, tú arrastrarás tu propio arado, porque he oído que el amo decía al esclavo que fuera a buscar al carnicero si todavía seguías enfermo. Espero que lo haga porque eres un compañero perezoso.

-Nunca más se hablaron. Allí terminó su fraternidad.

-Rodar, ¿puedes explicarme la moraleja de esta fábula?

-Es una buena fábula -respondió Rodar-, pero yo no veo la moraleja.

-No pensaba que fueras a descubrirla. Pero hay una y es muy simple: si quieres ayudar a tu amigo, hazlo de forma que luego no recaigan sobre ti sus responsabilidades.

-No se me había ocurrido. Es una moraleja muy sabia. No deseo cargar con las responsabilidades de mi hermana y de su marido. Pero dime, tú que prestas dinero a tanta gente: ¿acaso los que te piden dinero prestado no te lo devuelven?

-Maton sonrió con el gesto que permite la experiencia. ¿Acaso sería un buen préstamo si no me lo devolvieran? ¿No crees que el prestamista tiene que ser lo suficientemente listo como para juzgar con precaución si el oro que presta será de utilidad para el que lo pide prestado y después le será devuelto, o si el oro se desperdiciará vanamente y dejará al que lo ha pedido abrumado por una deuda que nunca podrá solventar?

-Voy a enseñarte las monedas que tengo en mi cofre y voy a dejar que te cuenten algunas historias-. Llevó a la habitación un cofre tan largo como su brazo, cubierto con piel de cerdo roja y adornado con figuritas de bronce. Lo depositó en el suelo y se agachó delante de él, con las dos manos colocadas encima de la tapa.

-Exijo una garantía de cada persona a quien presto dinero y la dejo en el cofre hasta que me devuelven el dinero. Cuando lo hacen, se la devuelvo, pero si no lo hacen, este depósito me recordará siempre a quien me ha traicionado. El cofre me demuestra que lo más seguro es prestar dinero a aquellos cuyas posesiones tienen más valor que el oro que desean que les preste. Tienen tierras, joyas, camellos u otros objetos que se pueden vender como pago del préstamo. Algunas de las prendas que me dan tienen más valor que el préstamo. Con otras, prometen entregarme una parte de sus propiedades como pago si no lo devuelven. Gracias a esta clase de préstamos, me aseguro de que me devolverán el oro con intereses, ya que el préstamo se basa en el valor de las propiedades.

-Hay otra categoría de personas que piden prestado: los que pueden ganar dinero. Son como tú, trabajan o sirven y se les recompensa. Cuentan con unos ingresos, son honestos y no tienen mala suerte. Sé que ellos también pueden devolver el oro que les presto y los intereses a los que tengo derecho. Estos préstamos se basan en el esfuerzo.

-Los otros son los que no poseen propiedades ni tampoco ganan dinero. La vida es dura y siempre habrá gente que no podrá adaptarse. Mi cofre podría reprocharme más tarde que les prestara dinero, aunque sea menos que un céntimo, a menos que buenos amigos del que me ha pedido el dinero me garantizaran su devolución.

-Maton soltó el cerrojo y abrió la tapa. Rodan se acercó a mirar con curiosidad. Había un collar de bronce encima de una tela de color escarlata. Maton tomó la joya y la acarició con cariño.

-Esta prenda siempre estará en mi cofre porque su propietario está muerto. La conservo cuidadosamente y me acuerdo mucho de él porque era un buen amigo. Hicimos muy buenos negocios juntos hasta que trajo a una mujer del Este, que no se parecía en nada a nuestras mujeres, y la desposó. Una criatura deslumbrante. Malgastó todo su oro para colmar todos los deseos de ella. Cuando ya no le quedaban más recursos, acudió a mí, angustiado. Le aconsejé. Le dije que le ayudaría una vez más a dirigir sus negocios. Juró que retomaría las riendas de sus asuntos. Pero no ocurrió así. Durante una pelea, aquella mujer le hundió un cuchillo en el corazón, de igual manera que él le había desafiado a que hiciera.

-¿Y ella...? -preguntó Rodan.

-Sí, este collar era suyo.

-Maton cogió la bella tela color escarlata. Presa de amargos remordimientos, se lanzó al Éufrates. Nunca me devolverán estos dos préstamos. -El cofre te explica, Rodan, que los que piden dinero prestado y son muy apasionados, constituyen un gran riesgo para el prestamista de oro.

-Ahora te voy a contar otra historia diferente.

-Buscó un anillo esculpido en un hueso de buey.

-Esta joya es propiedad de un granjero. Yo compro las alfombras que sus mujeres tejen. Los saltamontes devastaron sus cosechas y sus trabajadores no tenían qué comer. Le ayudé y, a la cosecha siguiente, me devolvió el dinero. Más tarde volvió a visitarme y me dijo que un viajante le había hablado de unas extrañas cabras que había en unas lejanas tierras. Tenían el pelo tan suave y fino que sus mujeres podrían tejer las alfombras más bellas que se hubieran visto jamás en Babilonia. Quería poseer ese rebaño pero no tenía dinero. Así que le presté el oro necesario para el viaje y la compra de las cabras. Ahora ya tiene su rebaño y el año que viene, voy a sorprender a los amos de Babilonia con las alfombras más caras que nunca hayan tenido la oportunidad de comprar. Pronto le devolveré el anillo. Insiste en devolverme el dinero rápidamente.

-¿Acaso hay personas que piden dinero prestado que hacen esto?- inquirió Rodan.

-Si me piden dinero con el fin de ganarlo, lo adivino y acepto prestarlo. Pero si lo hacen para pagarse sus caprichos, te advierto que seas prudente si quieres recobrarlo.

-Cuéntame la historia de esta joya- pidió Rodan, mientras tomaba con sus manos un brazalete de oro incrustado de extraordinarias piedras.

-Te interesan las mujeres, amigo mío- bromeó Maton.

-Soy bastante más joven que tú- replicó Rodan.

-De acuerdo, pero esta vez te imaginas un romance donde no lo hay. La propietaria es gorda y está arrugada y habla tanto para decir tan poco que me enfurece. Antaño tenía mucho dinero y su hijo y ella eran buenos clientes, pero les cayeron desgracias. Le hubiera gustado hacer un mercader de su hijo. Un día vino a mi casa y me pidió prestado para que su hijo pudiera asociarse con el propietario de una caravana que viajaba con sus camellos y trocaba en una ciudad lo que compraba en otra. El hombre demostró ser un canalla, porque dejó al pobre chico en una ciudad lejana sin dinero y sin amigos, tras abandonarlo mientras dormía. Quizá cuando sea adulto, me devolverá el dinero. Desde entonces, no recibo ningún interés por el préstamo, sólo palabras vanas. Pero reconozco que las joyas valen el préstamo.

-¿Y esta mujer, te pidió algún consejo sobre este préstamo?

Al contrario, se imaginó que su hijo era un hombre poderoso y rico de Babilonia. Sugerirle lo contrario la hubiera enojado. Solamente tuve derecho a una reprimenda. Sabía que corría un riesgo, dado que su hijo era inexperto, pero como ella ofrecía la garantía, no pude negarle el préstamo.

-Esto- continuó Maton mientras agitaba un pedazo de cuerda anudado -pertenece a Nebatur, el comerciante de camellos. Cuando compra un rebaño que cuesta más de lo que él tiene, me trae este nudo y yo le hago un préstamo según sus necesidades. Es un comerciante muy astuto. Confío en su juicio y puedo prestarle dinero con confianza. Muchos otros mercaderes de Babilonia también gozan de mi confianza porque su conducta es honrada. Los objetos que me entregan en depósito entran y salen regularmente del cofre. Los buenos mercaderes forman un activo en nuestra ciudad y para mí, es beneficioso ayudarles a mantener vivo el comercio para que Babilonia sea próspera.

Maton tomó un escarabajo esculpido en una turquesa y lo lanzó desdeñosamente al suelo.

-Es un insecto de Egipto. Al joven que posee esta piedra no le importa demasiado que algún día yo recupere el oro. Cuando se lo reclamo, me responde: "¿cómo puedo devolverte el dinero si la desgracia se cierne sobre mí? ¡Tienes a otros!"

-¿Qué puedo hacer? El objeto pertenece a su padre, un hombre de valor pero que no es rico y que empeñó sus tierras y su rebaño para ayudar a su hijo en sus emprendimientos.

-Al principio el joven tuvo éxito y luego se puso demasiado ansioso por enriquecerse. Por culpa de su inexperiencia, sus tentativas se fueron al traste. Los jóvenes son ambiciosos. Les gustaría conseguir las riquezas rápidamente y las cosas deseables que aporta.

Para asegurarse una fortuna rápida, piden dinero prestado imprudentemente. Como es su primera experiencia, no pueden comprender que una deuda que no sea devuelta es como un agujero profundo al que podemos descender rápidamente y en el que podemos debatirnos en vano durante mucho tiempo. Es un agujero de penas y lamentos donde la luz del sol se ensombrece y la noche perturba un sueño agitado. Pero no desaconsejo que se preste dinero. Animo a que se haga. Lo recomiendo en el caso de que se haga con un fin loable. Yo mismo tuve mi primer gran éxito como mercader con dinero prestado. Pero, ¿qué debe hacer un prestamista en un caso así? El joven ha perdido la esperanza y no hace nada. Se ha desanimado. No se esfuerza por devolver el dinero. Y yo no quiero despojar a su padre de sus tierras y de su ganado.

-Me has contado muchas historias interesantes pero no has contestado a mi pregunta. ¿Debo o no debo prestar las cincuenta monedas de oro a mi hermana y a su marido? ¡Tienen tanto valor para mí!

-Tu hermana es una mujer valiente y la tengo en alta estima. Si su marido viniera a verme para pedirme cincuenta monedas de oro, le preguntaría para qué iba a emplearlas. Si me contestara que quiere hacerse mercader como yo y tener una tienda de joyas y de muebles, le diría: "¿conoces este oficio? ¿sabes dónde se puede comprar barato?". ¿Acaso podría responder afirmativamente a todas estas preguntas?

-No, no podría- admitió Rodan-. Me ayudó mucho a fabricar lanzas y también ayudó en otras tiendas.

-Entonces, le diría que su objetivo no es realista. Los mercaderes tienen que aprender su oficio. Su ambición, más que loable, es ilógica y, por lo tanto, no le prestaría dinero. Ahora, supongamos que dice: "Sí, ayudé mucho a los mercaderes. Sé cómo ir a Esmirna para comprar a bajo precio las alfombras que las mujeres tejen. Además, conozco a los ricos de Babilonia a quienes puedo vender y así obtener suculentos ingresos".

-Entonces, le diría: "Tu objetivo es sensato y tu ambición digna. Me alegraré de prestarte las cincuenta monedas de oro si me aseguras que las retornarás".

-Pero si dijera: "Lo único que os puedo asegurar es que soy un hombre de honor y que os devolveré el dinero", entonces le respondería que cada moneda de oro es muy valiosa para mí. Si los ladrones le quitan el dinero de camino a Esmirna o le arrebatan las alfombras a la vuelta, no tendrá cómo pagarme y habré perdido mi oro.

-Como ves, Rodan, el oro es la mercancía del prestamista. Es fácil prestarlo. Si se da con imprudencia, es difícil de recuperar. Una promesa es un riesgo que un prestamista prudente deshecha, y prefiere la garantía de una devolución asegurada. Es bueno ayudar a los que lo necesitan, a los que no tienen suerte. Está bien ayudar a los que empiezan para que prosperen y se conviertan en buenos ciudadanos. Pero la ayuda debe ser sensata, porque si no, igual que el asno de la granja deseoso de ayudar, cargaremos con un peso que pertenece a otro.

-Sigo alejándome de tu pregunta, Rodan, pero escucha mi respuesta: guarda tus cincuenta monedas de oro. Son la justa recompensa de tu trabajo y nadie puede obligarte a compartirlas, a menos que lo desees. Si quisieras prestarlas para que te dieran más oro, deberías hacerlo con precaución y en distintos sitios. No me gusta ni el oro que duerme ni tampoco los grandes riesgos.

-¿Cuántos años has trabajado como fabricante de lanzas?

-Tres años.

-¿Además del regalo del rey, cuánto dinero has guardado?

-Tres monedas de oro.

-¿O sea, que cada año que has trabajado, te has privado de cosas buenas para ahorrar una moneda de entre tus ganancias?

-Claro.

—Entonces, ¿quizás privándote de las cosas buenas podrías ahorrar cincuenta monedas de oro en cincuenta años?

—Sería el fruto de toda una vida.

—¿Y crees que tu hermana arriesgaría los ahorros de tus cincuenta años de trabajo para que su marido diera los primeros pasos como mercader?

—No, visto de esta manera, no.

—Entonces, ve a verla y dile que has estado tres años trabajando todos los días de la mañana a la noche, excepto en los días de ayuno y te has privado de muchas cosas que deseabas ardientemente. Por cada año de trabajo y de abnegación, has conseguido una moneda de oro. Dile: "Eres mi hermana predilecta y deseo que tu marido emprenda un negocio donde pueda prosperar mucho. Si puede presentarme un plan que a mi amigo Maton le parezca sensato y realista, entonces le prestaré gustosamente mis ahorros de un año entero para que tenga la oportunidad de demostrar que puede tener éxito". Haz lo que te digo y, si tiene talento para triunfar, tendrá que demostrarlo. Si falla, no te deberá más que lo que espera devolverte algún día.

—Soy prestamista de oro porque tengo más oro del que me hace falta para comerciar. Deseo que mi excedente de oro trabaje para los demás y así me aporte más oro. No me quiero arriesgar a perder mi oro porque he trabajado mucho y me he privado de muchas cosas para ahorrarlo. Así que no voy a prestarlo a quien no merezca mi confianza y me asegure que me será devuelto. Tampoco lo prestaré si no estoy convencido que los intereses de este préstamo me serán devueltos con prontitud.

—Te he contado, Rodan, algunos secretos de mi cofre. Estos secretos te han revelado las debilidades de los hombres y su ansiedad por pedir dinero prestado aunque no siempre tengan los medios seguros para devolverlo. Con estos ejemplos, te darás cuenta de que, muchas veces, la gran esperanza de estos hombres sería adquirir grandes ganancias si tuvieran dinero y que simplemente se trata de falsas esperanzas porque no tienen ni la habilidad ni la experiencia necesarias para realizarlas.

-Ahora tú, Rodan, posees el oro que podría producirte más oro. Estás muy cerca de convertirte, como yo, en un prestamista de oro. Si conservas tu tesoro, te aportará generosos intereses; será una fuente abundante de placeres y será provechoso para el resto de tu vida. Pero si lo dejas escapar, será una fuente tan constante de penas y lamentos que nunca lo olvidarás.

-¿Qué es lo que más deseas para el oro que contiene tu bolsa de cuero?

-Guardarlo en un lugar seguro.

-Has hablado con sensatez- respondió Maton en tono de aprobación. Tu primer deseo es la seguridad. ¿Crees que bajo la custodia de tu cuñado estará seguro y al abrigo de cualquier pérdida?

-Me temo que no, porque no es prudente en su forma de guardar el oro.

-Entonces, no te dejes influir por los estúpidos sentimientos hacia cualquier persona que te llevan a confiar tu bien. Si quieres ayudar a tu familia o a tus amigos, encuentra otros medios que no sean arriesgarte a perder tu tesoro. No olvides que el oro escapa inesperadamente a los que no saben guardarlo. Ya sea por extravagancia o dejando que los otros lo pierdan por ti.

-Después de la seguridad, ¿qué es lo que más deseas para tu tesoro?

-Que me produzca más oro.

-Vuelves a hablar con sensatez. Tu oro tiene que darte ganancias y crecer. El dinero que se presta sabiamente puede incluso duplicarse antes de que te hagas viejo. Si te arriesgas a perder tu dinero, también te arriesgas a perder todo lo que te pueda reportar. De modo que no debes dejarte influir por los planes fantásticos de hombres imprudentes que piensan que saben la forma de hacer que tu oro produzca ganancias extraordinarias. Son planes forjados por soñadores inexpertos que no conocen las leyes seguras y fiables del comercio. Sé conservador en cuanto a las ganancias que el oro pueda producirte y en cuanto a lo que puedes ganar y así saca partido de tu tesoro. Invertir el oro contra una promesa de ganancias usureras es ir a perderlo.

-Intenta asociarte con hombres hábiles y emprender negocios cuyo éxito esté asegurado, para que tu tesoro salga ganando y esté en lugar seguro gracias a vuestra astucia y experiencia. De esta forma, evitarás las desgracias que acompañan a la mayoría de los hijos de los hombres a quienes Dios confía el oro.

Cuando Rodan quiso agradecerle su sabio consejo, éste no le escuchó y dijo: "El regalo del rey te procurará mucha sabiduría. Si guardas las cincuenta monedas de oro, tendrás que ser discreto. Tendrás tentaciones de invertir en muchos proyectos. Te darán muchos consejos. Tendrás muchas oportunidades de obtener grandes beneficios. Antes de prestar ninguna moneda de oro, tienes que asegurarte de que te será devuelta. Si quieres más consejos, vuelve a visitarme. Te los daré gustosamente".

-Antes de irte, lee lo que grabé en la tapa del cofre. Se puede aplicar tanto al prestamista como al que pide el dinero prestado:

"Más vale un poco de precaución que mucho de lamentar".

7 LAS MURALLAS DE BABILONIA

El viejo Banzar, guerrero feroz en otros tiempos, hacía guardia en la pasarela que llevaba a la parte más alta de las murallas de Babilonia. A lo lejos, valerosos soldados defendían la entrada a las murallas. La supervivencia de la gran ciudad y de sus centenares de miles de habitantes dependía de ellos.

De más allá de las murallas llegaban el fragor de los ejércitos que combatían, los gritos de los hombres, los cascos de miles de caballos, el ensordecedor ruido de los arietes que golpeaban las puertas de bronce.

Los lanceros estaban en alerta constante, preparados para impedir la entrada en la ciudad en el caso de que las puertas cedieran. No eran numerosos, los ejércitos principales estaban lejos, hacia el Este, acompañando al rey, que dirigía una campaña contra los elamitas. No habían previsto que pudieran ser atacados durante esta ausencia y las fuerzas defensoras eran escasas. Cuando nadie se lo esperaba, del Norte los enormes ejércitos asirios llegaron. Las murallas deberían soportar el ataque, si no, sería el fin de Babilonia.

Alrededor de Banzar, con expresión espantada se agrupaban numerosos ciudadanos que se informaban ansiosamente sobre la evolución de los combates. Miraban aterrorizados la hilera de soldados muertos o heridos que eran transportados o que bajaban de la pasarela.

Tras haber rodeado la ciudad durante tres días, el asalto estaba llegando al momento crucial, el enemigo había concentrado sus fuerzas en aquella parte de la muralla y en aquella puerta. Las defensas, situadas en la parte superior de la muralla, mantenían a raya a los adversarios que intentaban escalar las paredes de la muralla mediante plataformas o escaleras echándoles aceite hirviendo o tirando lanzas a los que conseguían llegar hasta lo más alto. Los enemigos respondían, disponiendo una línea de arqueros que proyectaban una lluvia de flechas contra los babilonios.

El viejo Banzar ocupaba un puesto elevado, desde donde podía ver muy bien todo lo que ocurría. Se encontraba muy cerca del centro de los combates y era el primero en percibir los ataques frenéticos del enemigo.

Un comerciante de edad avanzada se le acercó:

-Decidme, por favor, no podrán entrar, ¿verdad?- suplicó juntando las dos manos- Mis hijos están acompañando a nuestro buen rey, no hay nadie para proteger a mi anciana esposa. Robarán todas nuestras posesiones, tomarán todas nuestras reservas. Nosotros ya somos viejos, demasiado para poder servir como esclavos, nos moráremos de hambre. Pereceremos. Decidme que no podrán entrar en la ciudad.

-Cálmate, buen comerciante- respondió el guardia- Las murallas de Babilonia son fuertes. Vuelve al bazar y di a tu mujer que las murallas os protegerán a vosotros y a vuestros bienes tanto como a los ricos tesoros del rey. Permanece cerca de la muralla para que no te alcance una flecha.

Una mujer con un bebé en brazos ocupó el lugar del hombre que se retiraba.

-Sargento, ¿Qué noticias hay del combate? Decidme la verdad para que pueda tranquilizar a mi pobre esposo. Está en cama con una gran fiebre producida por sus terribles heridas. Pero insiste en protegerme con su armadura y su lanza, porque estoy preñada. Dice que la venganza del enemigo sería terrible en el caso de que entrara.

-Tienes buen corazón porque eres madre, y lo volverás a ser. Las murallas de Babilonia te protegerán a ti y a tus hijos. Son altas y sólidas, ¿no oyes los gritos de nuestros valientes defensores que tiran calderos de aceite hir viendo a los que intentan escalar los muros?

-Sí, y también oigo el bramido de los arietes que chocan contra nuestras puertas.

-Vuelve con tu marido, dile que las puertas resistirán el embate de los arietes. Dile también que les espera una lanza a los que escalan las murallas. Ve con cuidado y date prisa en llegar a los edificios, donde estarás más segura.

Banzar se apartó para dejar vía libre a los refuerzos armados, cuando pasaban muy cerca de él con su pesada marcha y los escudos de bronce que tintineaban, una niña tiró del cinturón a Banzar.

-Decidme por favor, soldado, ¿Estamos seguros? preguntó- Oigo ruidos terribles, veo hombres que sangran. ¡Tengo tanto miedo! ¿Qué será de nuestra familia, mi madre, mi hermanito y el bebé?

El viejo militar tuvo que cerrar los ojos y levantar la barbilla mientras alzaba a la niña. -No tengas miedo, pequeña- le dijo- Las murallas de Babilonia os protegerán a ti, a tu madre, a tu hermanito y al bebé. La buena reina Semiramis hace cien años las hizo construir para proteger a gente como tú. Vuelve y di a tu madre, a tu hermanito y al bebé que las murallas de Babilonia los protegerán y que no tienen de qué temer.

Todos los días, el viejo Banzar permanecía en su puesto y observaba cómo los recién llegados subían a la pasarela y combatían hasta que, heridos o muertos, los bajaban. A su alrededor, una muchedumbre de ciudadanos atemorizados y ansiosos quería saber si las murallas aguantarían. Él daba a todos la misma respuesta con la dignidad del viejo soldado: "Las murallas de Babilonia os protegerán".

Durante tres semanas y cinco días continuó el ataque con renovada violencia. Cada día la mandíbula de Banzar se crispaba más y más, pues el paso, lleno de sangre de los numerosos heridos, se había convertido en un lodazal por el flujo interminable de hombres que subían y bajaban tambaleantes. Todos los días, los atacantes masacrados se amontonaban en pilas ante las muralla; todas las noches, sus camaradas los transportaban y enterraban. Para la quinta noche de la última semana el clamor disminuyó.

Los primeros rayos de sol iluminaron la llanura, cubierta de grandes nubes de polvo que levantaban los ejércitos en retirada. Un inmenso grito se alzó entre los defensores. No había duda sobre lo que quería decir. Fue repetido por las tropas que esperaban detrás de las murallas, por los ciudadanos en las calles, barrió la ciudad con la violencia de una tempestad.

La gente salió precipitadamente de sus hogares. Una muchedumbre delirante llenó las calles, los sentimientos de miedo reprimidos durante semanas se transformaron en un grito de alegría salvaje. De lo alto de la gran torre de Bel salieron las llamas de la victoria, una columna de humo azul se alzó en el cielo para llevar bien lejos su mensaje. Una vez más, las murallas de Babilonia habían repelido a un enemigo poderoso y feroz, dispuesto a saquear sus ricos tesoros y a dominar a sus ciudadanos y reducirlos a la esclavitud.

La ciudad de Babilonia sobrevivió varios siglos porque estaba completamente protegida. De otra manera, no lo habría conseguido.

Las murallas de Babilonia ilustran bien las necesidades del hombre y su deseo de estar protegido. Este deseo es inherente a la raza humana, hoy en día es tan fuerte como en la antigüedad, pero nosotros hemos imaginado más amplios y mejores planes para alcanzar este fin.

Hoy, apostados tras los muros inexpugnables de los seguros, las cuentas bancarias y las inversiones fiables, podemos protegernos de las tragedias inesperadas que pueden surgir en cualquier momento. No podemos permitirnos vivir sin estar protegidos adecuadamente.

8 EL TRATANTE DE CAMELLOS DE BABILONIA

Cuanto más nos amenaza el hambre, más activo se vuelve nuestro cerebro y más sensibles nos volvemos al olor de los alimentos.

Tarkad, el hijo de Azore, ciertamente pensaba así. Tan sólo había comido dos pequeños higos de una rama que salía más allá del muro de un jardín, y no había podido coger más, antes de que una enfadada mujer apareciera y lo echara. Sus gritos agudos aún resonaban en sus oídos cuando atravesaba la plaza del mercado. Esos ruidos horribles le ayudaron a tener quietos los dedos, tentados siempre de coger alguna fruta de las cestas de las mujeres del mercado.

Nunca hasta entonces se había dado cuenta de la gran cantidad de comida que llegaba al mercado de Babilonia y lo bien que olía. Tras dejar el mercado, atravesó la plaza en dirección a la posada, ante la que se paseó arriba y abajo. Tal vez encontrara a alguien que le pudiera dejar una moneda de cobre, con la que podría pedir una copiosa comida y arrancar así una sonrisa al austero dueño de la posada. Si no tenía esa moneda, sabía muy bien que no sería bienvenido.

Distraído como estaba, se encontró sin esperarlo, cara a cara, con el hombre al que más deseaba evitar, Dabasir, el largo y huesudo tratante de camellos. De todos los amigos o conocidos a los que había pedido pequeñas sumas de dinero, Dabasir era el que lo hacía sentirse más molesto, pues no había cumplido la promesa de reembolsarle rápidamente lo debido. El rostro de Dabasir se iluminó al ver a Tarkad:

-Ajá, Tarkad, justo a quien buscaba, tal vez pueda devolverme las dos monedas de cobre que le dejé hace una luna, y también la de plata que le había dejado antes. ¡Qué suerte! Hoy mismo podré usar esas monedas. ¿Qué me dices, muchacho?

Tarkad empezó a balbucear y enrojeció. Su estómago vacío no le ayudaba a tener la cara dura de discutir con

Dabasir.

-Lo siento, lo siento mucho- murmuró débilmente- pero hoy no tengo las dos monedas de cobre ni la de plata que te debo.

-Pues encuéntralas- insistió Dabasir- Seguro que puedes encontrar un par de monedas de cobre y una de plata para pagar la generosidad de un viejo amigo de tu padre que te ha ayudado cuando más lo necesitabas.

-No te puedo pagar por culpa de la mala suerte.

-¿La mala suerte? ¿Culparás a Dios de tu propia debilidad? La mala suerte persigue a los hombres que piensan más en pedir que en dejar. Muchacho, ven conmigo mientras como, tengo hambre y te quiero relatar una historia.

Tarkad retrocedió ante la brutal franqueza de Dabasir, pero al menos era una invitación para entrar en un sitio donde se comía. Dabasir lo empujó hasta un rincón de la sala donde se sentaron sobre unas pequeñas alfombras. Cuando Kauskor, el propietario, apareció sonriente, Dabasir se dirigió a él con su habitual gran familiaridad:

-Lagarto del desierto, tráeme una pierna de cabra muy hecha y con mucha salsa, pan y cantidad de verduras, que tengo mucha hambre y necesito mucha comida. No olvides a mi amigo, tráele una jarra de agua, y que sea fresca, pues el día es caluroso.

El corazón de Tarkas parecía desfallecer. Se tenía que sentar allí a beber agua y ver cómo aquel hombre devoraba una pierna entera de cabra. No hablaba. No se le ocurría nada que decir.

Dabasir en cambio, no sabía qué era el silencio. Sonriendo y saludando con la mano a todos los demás clientes, a los cuales conocía, continuó:

-He oído decir a un viajero que acaba de llegar de Urfa que un hombre rico de allí posee una piedra tan fina que se puede ver a través de ella. La coloca en las ventanas de su casa para impedir que la lluvia entre. Por lo que me ha dicho el viajero, es amarilla y le permitieron mirar a través de ella de manera que el mundo exterior le pareció extraño y diferente de lo que es en realidad. ¿Tú que piensas, Tarkad? ¿Crees que un hombre puede ver el mundo de un color diferente del que tiene en realidad?

No sabría decirlo- respondió el joven mucho más interesado por la pierna de cabra que estaba delante de Dabasir.

-Pues yo sé que es cierto, ya que he visto con mis propios ojos el mundo de un color diferente del que en realidad tiene, y la historia que te contaré trata de cómo llegué a volverlo a ver nuevamente de su verdadero color.

-Dabasir va a contar una historia- murmuró alguien de una mesa vecina a su compañero, y acercó su alfombra hacia ellos. Los demás comensales cogieron su comida y se agruparon en un semicírculo. Comían ruidosamente al oído de Tarkad, lo tocaban con los huesos de la carne, él era el único que no tenía comida. Dabasir no le propuso que compartiera con él la pierna de cabra ni le ofreció el trozo de pan duro que se había caído al suelo.

-La historia que te voy a contar -empezó Dabasir, deteniéndose para poder llevarse a la boca un buen trozo de carne- relata mi juventud y cómo llegué a ser tratante de camellos. ¿Alguno de vosotros sabe que yo fui en un tiempo esclavo en Asiria?

Un murmullo de sorpresa recorrió el auditorio y Dabasir lo escuchó con satisfacción.

-Cuando era joven- continuó después de otro goloso ataque a la pierna de cabra- aprendí el oficio de mi padre, la fabricación de sillas de montar. Trabajé con él en la tienda hasta que me casé. Como era joven e inexperto, ganaba poco, justo lo necesario para cubrir modestamente las necesidades de mi excelente esposa. Estaba ansioso de obtener buenas cosas que no me podía permitir. Rápidamente me di cuenta de que los propietarios de las tiendas me daban crédito aunque no pudiera pagarles a tiempo. Yo no sabía que el que gasta más de lo que gana siembra los vientos de la inútil indulgencia y cosecha tempestades de problemas y humillaciones. Así sucumbí a los caprichos y, sin tener el dinero necesario, me compré bellas ropas y objetos de lujo para nuestra casa y para mi esposa. Fui pagando como pude y, durante un cierto tiempo todo fue bien. Pero un día descubrí que con lo que ganaba no tenía suficiente para pagar mis deudas y vivir. Mis acreedores me empezaron a perseguir para que pagara mis extravagantes compras y mi vida se volvió miserable. Pedía prestado a mis amigos, pero tampoco lo podía devolver; las cosas iban de mal en peor. Mi mujer volvió con su padre y yo decidí irme de Babilonia a otra ciudad donde un joven pudiera tener más oportunidades.

-Durante dos años conocí una vida agitada y sin éxitos, siempre viajando con las caravanas de los mercaderes. Después pasé a un grupo de simpáticos ladrones que recorrían el desierto en busca de caravanas no armadas. Tales acciones no eran dignas del hijo de mi padre, pero veía el mundo a través de una piedra coloreada y no me daba cuenta de hasta qué punto me había rebajado.

-Tuvimos éxito en nuestro primer viaje al capturar un rico cargamento de oro, seda y mercancías de gran valor. Llevamos este botín a Ginir y allí lo derrochamos. La segunda vez no tuvimos tanta suerte. Después de haber efectuado el robo, fuimos atacados por los guerreros de un jefe indígena al que pagaban las caravanas para que las protegiera. Mataron a nuestros dos jefes y los que quedamos fuimos trasladados a Damasco, despojados de nuestras ropas y vendidos como esclavos. Yo fui adquirido por dos monedas de plata por un jefe del desierto sirio, con los cabellos rapados y vestido solamente con algunos trozos de tela. No era diferente de los otros esclavos.

Como yo era un joven despreocupado, pensaba que aquello no era más que una aventura hasta que mi amo me llevó ante sus cuatro mujeres y me dijo que me tendrían como eunuco. En ese momento entendí de verdad mi situación. Esos hombres del desierto eran salvajes y guerreros, yo estaba sujeto a la voluntad de ellos, desprovisto de armas y sin esperanza de huir.

-Me encontraba de pie, espantado por las cuatro mujeres que me examinaban. Me preguntaba si podría esperar alguna compasión de parte de ellas. Sira, la primera mujer, era más vieja que las otras y me miraba impasible. Me aparté de ella sin esperar algo de su parte. La siguiente, de una belleza despreciativa, me miraba con tanta indiferencia como si fuera un gusano en la tierra. Las dos más jóvenes reían como si aquello fuese una broma divertida.

-El tiempo que esperé su veredicto me pareció un siglo, cada una parecía dejar la decisión final a las demás. Finalmente, Sira habló con una voz gélida.

-Tenemos muchos eunucos, pero sólo unos pocos guardianes de camellos, y además no sirven para nada, hoy mismo he de ir a ver a mi madre enferma y no tengo ningún esclavo en el que pueda confiar para ocuparse de mi camello. Pregunta a este esclavo si sabe conducir uno.

-Entonces mi amo me preguntó: "¿Qué sabes de camellos?". Luchando por esconder mi entusiasmo, respondí: "Sé hacer que se arrodillen, los sé cargar, y los sé conducir durante largos viajes sin cansarme. Y si es necesario, puedo reparar sus arneses."

-"El esclavo sabe bastante, observó mi amo. Si ese es tu deseo, Sira, haz de este hombre tu camellero."

-Así fui dado a Sira y ese mismo día la conduje tras un largo viaje en camello al lado de su madre enferma. Aproveché la ocasión para agradecerle su intervención y decirle que no era esclavo de nacimiento, sino hijo de un hombre libre, un honorable fabricante de sillas de Babilonia. También le conté mi historia. Sus comentarios me desconcertaron, y más tarde reflexioné largamente sobre lo que me había dicho.

-"¿Como puedes llamarte a ti mismo hombre libre, me dijo, cuando tu debilidad te ha llevado a esta situación? Si un hombre tiene alma de esclavo, ¿no se convertirá en uno, sin importar su cuna, tal como el agua busca su nivel? Y si alguien tiene alma de hombre libre, ¿no se hará respetar y honrar en su ciudad aunque no lo haya acompañado la suerte?".

-Durante un año fui esclavo y viví con esclavos, pero no podía convertirme en uno de ellos. Un día Sira me preguntó: "¿Por qué te quedas solo en tu tienda por la noche, cuando los otros esclavos se juntan en agradable compañía?".

-A ello respondí: "Pensé en lo que me dijisteis. Me pregunté si tenía alma de esclavo. No puedo unirme a ellos, por eso me mantengo al margen."

-Yo también me mantengo al margen- me confió. Yo tenía una gran dote, por eso mi señor se casó conmigo. Pero no me desea y lo que toda mujer desea más ardientemente es ser deseada. Por eso, y como soy estéril y no tengo hijos, me he de mantener al margen. Si yo fuera un hombre, preferiría la muerte antes de ser esclavo, pero las leyes de nuestra tribu hacen de las mujeres verdaderas esclavas.

-¿Qué pensáis de mí ahora, que tengo alma de hombre libre o de esclavo?- le pregunté repentinamente.

-¿Quieres devolver las deudas que contrajiste en Babilonia?-, replicó ella.

-Sí que lo quiero, pero no veo cómo podría lograrlo.

-Si dejas que los años pasen sin preocuparte y sin hacer esfuerzo alguno para devolver ese dinero, entonces times alma de esclavo. No puede ser de otra manera si un hombre no se respeta a sí mismo; nadie se puede respetar si no paga las deudas que ha contraído.

-Pero ¿qué puedo hacer si soy esclavo en Siria?

-Sé esclavo en Siria ya que eres un ser débil.

-No soy un ser débil- contesté.

-Entonces, pruébalo.

-¿Cómo?

-¿Acaso tu rey no lucha contra sus enemigos con todas las fuerzas que tiene y de todas las maneras que puede? Tus deudas son tus enemigos, te hicieron huir de Babilonia. Dejaste que se acumularan y se hicieron demasiado grandes para ti. Si las hubieras combatido como un hombre, las habrías derrotado y hubieras sido una persona honrada por los de tu ciudad. Mas no tuviste valor para hacerlo; y mírate, tu orgullo te ha dejado y has ido de desgracia en desgracia hasta que has terminado de esclavo en Siria.

-Pensé mucho en estas desagradables acusaciones y desarrollé diversas teorías exculpatorias para probarme que en mi interior no era un esclavo, pero no tuve oportunidad de utilizarlas. Tres días más tarde, la sirvienta de Sira me vino a buscar para conducirme ante mi ama.

-Mi madre ha vuelto a caer muy enferma- dijo-. Unce los dos mejores camellos de mi marido, átales odres llenas de agua y carga las alforjas para un largo viaje. La criada te dará la comida en la tienda de cocina.

-Cargué los camellos, preguntándome la razón de tanta comida que me daba la criada, pues la casa de la madre de mi ama estaba a menos de una jornada de viaje. La sirvienta montó en el segundo camello y yo conduje el de Sira. Cuando llegamos a la casa de su madre, empezaba a hacerse de noche. Sira despidió a la criada y me dijo: "Dabasir, ¿tienes alma de hombre libre o de esclavo?"

-Alma de hombre libre- respondí.

-Ahora tienes la oportunidad de probarlo. Tu amo ha bebido mucho y sus hombres están embotados. Coge los camellos y huye. En ese saco tienes vestidos de tu amo para disfrazarte. Yo diré que has robado los camellos y que has escapado mientras visitaba a mi madre enferma.

-Tenéis alma de reina, -le dije- me gustaría poder haceros feliz.

-No espera la felicidad a la mujer que huye de su marido para buscarla en tierras lejanas entre extranjeros. Toma tu propio camino y que te proteja Dios del desierto, pues la ruta es larga, sin comida ni agua.

-Sin necesidad de que me lo dijeran dos veces, le agradecí calurosamente y me fui en medio de la noche. No conocía aquel extraño país y sólo tenía una vaga idea de la dirección que había de seguir para llegar a Babilonia, pero me adentré valientemente en el desierto hacia las colinas. Iba montado en un camello y aviaba al otro. Viajé durante toda la noche y el día siguiente lleno de ansiedad, conocedor de la suerte reservada a los esclavos que roban la propiedad de sus amos e intentan huir. Hacia el final de la tarde llegué a un país árido, tan inhabitable como el desierto. Las agudas piedras herían las patas de mis fieles camellos, que lentamente y con gran esfuerzo elegían la ruta. No encontré hombre ni bestia y pude comprender con facilidad por qué evitaban aquella inhóspita tierra.

-A partir de entonces, el viaje fue como pocos hombres pueden contar haber tenido. Día tras día avanzamos lentamente. El calor del sol era despiadado. Ya no teníamos agua ni comida. Al final del noveno día, resbalé de mi montura con el sentimiento de que era demasiado débil para volver a montar y que con toda seguridad moriría en aquel país deshabitado. Me tendí en el suelo y dormí. Sólo me desperté con las primeras luces del alba. Me senté y miré a mi alrededor, había un nuevo frescor en el aire de la mañana, mis camellos estaban tumbados cerca de allí, ante mí se extendía un vasto país cubierto de rocas y arena. Nada indicaba que hubiera algo que pudieran beber o comer un hombre o un camello.

-¿Debería enfrentarme con mi fin en aquella tranquila paz? Mi mente estaba más clara de lo que nunca había estado. Mi cuerpo parecía carecer ya de importancia. Con los labios resecos y sangrantes, el estómago vacío, la lengua áspera e inflada, ya no sentía el molesto dolor del día anterior. Medía la inmensidad descorazonadora del desierto y una vez más me pregunté si tenía alma de hombre libre o de esclavo.

-Entonces, con la rapidez del rayo comprendí que si tenía alma de esclavo me tumbaría en la arena y moriría, un final digno de un esclavo fugitivo. Pero que si tenía alma de hombre libre, ¿qué sucedería? Debería encontrar el camino hacia Babilonia, devolver el dinero a los que habían confiado en mí, hacer feliz a mi mujer, que me amaba de verdad y llevar la satisfacción y la paz a mis padres.

-"Tus deudas son tus enemigos y te han hecho huir de Babilonia", había dicho Sira. Sí, era cierto, ¿por qué no me había mantenido firme como un hombre? ¿Por qué había permitido que mi mujer volviera con su padre?

-Entonces algo extraño ocurrió. El mundo entero me pareció ser de un color diferente, como si hasta ese momento lo hubiera visto a través de una piedra coloreada que de pronto hubiera desparecido. Por fin comprendí cuáles eran los verdaderos valores de la vida.

-¡Morir en el desierto! ¡Jamás! Gracias a una nueva visión se me aparecieron todas las cosas que tenía que hacer. Primero, volvería a Babilonia y daría la cara ante todos con los que había contraído deudas. Les diría que tras años de errar y de desgracias, había vuelto para pagar mis deudas tan rápido como Dios me lo permita. Después construiría un hogar para mi mujer y me convertiría en un ciudadano del que mis padres estarían orgullosos.

-Mis deudas son mis enemigos, pero los hombres que me han prestado dinero son mis amigos, pues han tenido confianza y han creído en mí.

-Me tambaleaba sobre mis debilitadas piernas. ¿Qué significaba el hambre? ¿Qué significaba la sed? Sólo eran obstáculos en el camino a Babilonia. Surgía en mí el alma de un nuevo hombre que iba a conquistar a sus enemigos y a recompensar a sus amigos. Me estremecí ante la idea del magno proyecto. Los vidriosos ojos de los camellos se iluminaron de nuevo al oír mi voz ronca. Se levantaron con gran esfuerzo, después de varios intentos. Con una conmovedora perseverancia se dirigieron hacia el Norte, donde algo me decía que encontraríamos la ciudad.

-Encontramos agua, atravesamos un país fértil donde crecían la hierba y los frutales. Encontramos el camino a Babilonia porque el alma de un hombre libre mira la vida como una serie de problemas que resolver, y los resuelve, mientras que el alma de un esclavo gimotea "¿Qué puedo hacer yo, que sólo soy un esclavo?".

-¿Y a ti, Tarkad? ¿El estómago vacío hace que tu mente sea más clara? ¿Ya has tomado el camino que lleva hacia el auto-respeto? ¿Ves el mundo de su color verdadero? ¿Deseas pagar tus deudas justas, sean las que sean, y convertirte en un hombre respetado en Babilonia?

Las lágrimas acudieron a los ojos del joven, que se arrodilló rápidamente.

-Me has mostrado el camino -dijo- Ahora sé cómo encontrar en mi interior el alma del hombre libre.

-¿Pero qué pasó cuando regresaste? Preguntó, interesado, un oyente.

-Cuando hay determinación, se encuentran los medios -respondió Dabasir-.Yo estaba decidido, por eso me puse en camino para encontrar los medios. Primero visité a todos los hombres con los que tenía una deuda y les supliqué que fueran indulgentes hasta que pudiera ganar el dinero con el que les pagaría. La mayoría me acogieron con alegría, algunos me insultaron, pero otros me ofrecieron su ayuda. Uno de ellos me dio justamente la ayuda que necesitaba. Era Maton, el prestamista de oro. Al saber que había sido camellero en Siria, me envió a ver al viejo Nebatur, el tratante de camellos al que nuestro buen rey había encargado que comprara varias manadas de camellos para una gran travesía. Con él puse en práctica mis conocimientos sobre camellos y de a poco pude ir devolviendo cada moneda de cobre o plata. De manera que al final pude caminar con la cabeza bien alta y sentir que era honorable entre los hombres.

Dabasir se inclinó de nuevo sobre su comida. -¡Eh, Kausbor, caracol! -gritó lo bastante fuerte para que le oyeran en la cocina- La comida está fría. Tráeme más carne recién asada. Dale también un buen trozo a Tarkad, el hijo de mi viejo amigo, que tiene hambre y que comerá conmigo.

Así se acabó la historia de Dabasir, el tratante de camellos de la antigua Babilonia. Encontró su camino cuando entendió una gran verdad que ya habían descubierto y aplicado hombres sabios desde mucho antes de esa época.

Esta verdad había ayudado a muchos hombres a superar las dificultades hasta llegar al éxito; y seguiría ayudando a todos quienes comprendieran su fuerza mágica. Cualquiera que lea estas líneas la poseerá.

Cuando hay determinación, se encuentran los medios.

9 LAS TABLILLAS DE BARRO DE BABILONIA

St. Swithin's College // Nottingan University // Newark-on-Trent // Nottingham

21 de octubre de 1934

Sr. Profesor Franklin Caldwell // Expedición Científica Británica // Hillah, Mesopotamia

Querido profesor:

Las cinco tablillas de barro que desenterró durante sus recientes excavaciones en la ruinas de Babilonia han arribado en el mismo barco que su carta. Me han fascinado y he pasado numerosas y placenteras horas traduciendo sus inscripciones. Tendría que haber contestado su carta con más prontitud pero he esperado hasta completar las transcripciones adjuntas.

Las tablillas han llegado a su destino sin daño gracias al excelente embalaje y al precavido uso de sistemas de conservación.

Quedará tan asombrado de la historia que relatan como nosotros, los del laboratorio. Uno espera que un pasado tan lejano y oscuro esté lleno de romance y aventura, ya sabe, algo así como «Las mil y una noches». Y luego se da cuenta de que los problemas del mundo antiguo, de hace cinco mil años, no son tan diferentes de los actuales, como se puede constatar con la lectura de estos textos que cuentan las vicisitudes sufridas para pagar sus deudas un personaje llamado Dabasir.

¿Sabe? Es curioso, pero, como dicen mis estudiantes, estas viejas inscripciones me pillan fuera de juego. Como profesor universitario, se supone que soy una persona que piensa y que tiene conocimientos sobre la mayoría de los temas. Y ahora llega un individuo salido de las polvorientas ruinas de Babilonia que nos da un método del que nunca había oído hablar, para pagar las deudas al tiempo que consigues más dinero.

Debo decir que esta es una idea que me agrada, y sería interesante probar si funciona igual de bien en nuestros días que en la antigua Babilonia. Mi mujer y yo proyectamos aplicarla a las cuestiones económicas que, en nuestro caso, necesitan evidentes mejorías.

Le deseo la mejor de las suertes en su valerosa empresa y espero con ansias una nueva oportunidad de ayudarlo.

Afectuosamente suyo,

Alfred H. Shrewsbury

Departamento de Arqueología

Tablilla N° 1

Esta noche de luna llena, yo, Dabasir, que acabo de salir de la esclavitud en Siria, decidido a pagar todas mis deudas y convertirme en un hombre rico y digno del respeto en mi ciudad natal de Babilonia, grabo en barro este reporte permanente de mis negocios para que me guíe y me ayude a cumplir mis mayores anhelos.

Siguiendo el consejo de mi sabio amigo Maton, el prestamista de oro, he decidido seguir el plan preciso que permite, por lo visto, a los hombres honorables liberarse de sus deudas y vivir en la riqueza y en el respeto a sí mismos.

Este plan incluye tres objetivos que son mi esperanza y mi deseo.

Primero, el plan me permitirá disfrutar de una cierta prosperidad.

Así, apartaré la décima parte de lo que gane y será un bien que conservaré. Maton habla sabiamente cuando dice: «El hombre que guarda en su bolsa el oro que no necesita gastar es bueno para con su familia y leal a su rey». «El hombre que sólo tiene unas cuantas monedas de cobre en su bolsa es insensible respecto a su familia y a su rey». «Pero el hombre que no tiene nada en sus bolsa es cruel con su familia y desleal a su rey, pues su corazón es amargo».

El hombre que desea triunfar debe tener en su bolsa dinero para poder hacerlo tintinear; y en su corazón amor para su familia y lealtad para con su rey.

En segundo lugar el plan prevé que cubra mis necesidades y las de mi mujer, que ha vuelto lealmente conmigo de la casa de su padre. Ya que Maton dice que quien cuida a la esposa fiel, tiene el corazón lleno de respeto a sí mismo y gana fuerza y determinación para sus proyectos. Por lo tanto, usaré siete décimos de lo que gane en comprar una casa, ropas, comida, y una suma que dedicaremos a otros gastos, de modo que nuestras vidas no estén exentas de placeres y satisfacciones. Pero Maton me ha recomendado que cuide de no gastar en estos honorables conceptos más que los siete décimos de lo que gano. El éxito del plan reposa en esta recomendación; hemos de vivir con esa porción y nunca tomar o comprar más de lo que podamos pagar con ella.

Tablilla N° 2

En tercer lugar, el plan prevé que pague mis deudas con lo que gane.

Cada luna, las dos décimas partes de mis ganancias serán divididas justa y honorablemente entre todos los que, habiendo confiado en mí, me han dejado oro; y llegará el momento en que todas mis deudas serán liquidadas. Para dar fe de ello, grabo aquí el nombre de todos los hombres con los que estoy en deuda y la cantidad justa de lo que les debo:

Farra el tejedor, 2 monedas de plata, 6 de cobre.

Sinjar el fabricante de colchones, 1 moneda de plata.

Ahmar, mi amigo, 4 monedas de plata, 7 de cobre.

Akamir, mi amigo, 1 moneda de plata, 3 de cobre.

Diebeker, amigo de mi padre, 4 monedas de plata, 1 de cobre.

Alkahad, el dueño de la casa, 14 monedas de plata.

Maton el prestamista de oro, 9 monedas de plata.

Birejik el agricultor, 1 moneda de plata, 7 de cobre.

(A partir de aquí la placa está gastada, el texto es indescifrable)

Tablilla N° 3

Debo a todos estos acreedores la suma de diecinueve monedas de plata y ciento cuarenta y una de cobre. Como debía esta suma y no veía forma de pagarlas, en mi locura, permití que mi mujer volviera a la casa de su padre y abandoné mi ciudad natal buscando en otro lugar un bienestar fácil, para sólo encontrar el desastre y ser vendido vergonzosamente como esclavo.

Ahora que Maton me ha enseñado cómo puedo ir devolviendo mis deudas en pequeñas cantidades que tomaré de lo que gane, veo hasta qué punto estaba errado cuando escapé de las consecuencias de mi extravagancia.

He visitado a mis acreedores y les he explicado que no tenía recursos para pagarles salvo mi capacidad de trabajar, y que tenía la intención de dedicar dos décimas partes de lo que ganara para liquidar mis deudas de modo justo y honorable. Que no podía pagar más que eso y que si eran pacientes, llegaría el día en que habría cumplido enteramente las obligaciones contraídas.

Ahmar, a quien creía mi mejor amigo, me insultó duramente y me fui de su casa humillado; Bijerik, el agricultor, pidió ser el primero en cobrar, pues tenía gran necesidad de ayuda. Alkahad, el propietario de la casa, me advirtió de que si no arreglaba mi cuenta pronto, me causaría problemas.

Todos los demás aceptaron gustosos mi proposición y estoy más determinado que nunca a pagar mis justas deudas, pues me he convencido de que es más fácil pagarlas que evitarlas.

Trataré con imparcialidad a todos mis acreedores, aunque no pueda satisfacer las necesidades y demandas de algunos de ellos.

Tablilla Nº 4

Vuelve a ser luna llena. He trabajado duro y con la mente liberada. Mi buena esposa me ha apoyado en el proyecto de pagar a mis acreedores. Gracias a nuestra sabia decisión, durante la pasada luna he ganado la suma de diecinueve monedas de plata, al comprar unos robustos camellos para Nebatur. He repartido la ganancia según el plan, guardando una décima parte para ahorrarla, compartiendo siete décimos con mi buena esposa para nuestras necesidades y las dos décimas partes restantes las dividí entre mis acreedores de manera tan ecuánime como he podido en monedas de cobre.

No he visto a Ahmar, pero he dado las monedas de cobre a su mujer. Bijerik ha estado tan contento que me habría besado la mano. Tan sólo el viejo Alkahad ha gruñido y me ha dicho que le debía pagar más de prisa, a lo que he replicado que sólo podría pagarle si estaba bien alimentado y tranquilo. Todos los demás han alabado mis esfuerzos y me han dado las gracias.

Así, mi deuda ha disminuido en cuatro monedas de plata en una luna, y ahora poseo casi dos monedas más, que nadie puede reclamarme. Me siento más ligero de lo que lo había estado en mucho tiempo.

La luna llena brilla una vez más, he trabajado duro pero con resultados pobres. Sólo he podido comprar unos pocos camellos y he ganado once monedas de plata. Sin embargo, mi mujer y yo nos hemos atenido al plan, aunque no nos hayamos comprado nuevos vestidos y sólo hayamos comido un poco de sémola. He vuelto a guardar la décima parte y hemos vivido con las siete décimas. Me he sorprendido cuando Ahmar ha alabado mi pago aunque era mínimo, lo mismo que Birejik. Alkahad se ha enfadado, pero cuando le he dicho que me devolviera su parte si no la quería, la aceptó. Los otros han estado contentos, como antes.

Vuelve a brillar la luna llena y grande es mi dicha. Descubrí una buena manada de camellos y compré algunos robustos, mis ganancias han sido de cuarenta y dos monedas de plata. Esta luna, mi mujer y yo nos hemos comprado sandalias y ropas que necesitábamos hace tiempo. También hemos comido carne y aves. Hemos pagado más de ocho monedas de plata a nuestros acreedores, ni Alkahad protestó.

El plan es formidable, nos libera de las deudas y nos permite crear un tesoro que es tan sólo nuestro.

Ya hace tres lunas que empecé a grabar esta tablilla. Cada una de ellas me he quedado con una décima parte de lo que había ganado. Cada una, mi buena esposa y yo hemos vivido con las siete décimas partes, incluso cuando resultaba difícil. Cada luna he pagado a mis acreedores las dos décimas partes. Ahora guardo en mi bolsa veintiuna monedas de plata que son mías. Eso me permite andar con la cabeza alta y caminar con orgullo junto a mis pares.

Mi mujer puede cuidar bien de la casa y va bien vestida. Somos felices de vivir juntos.

Este plan tiene un inmenso valor. ¿No ha hecho de un antiguo esclavo un hombre honorable?

Tablilla N° 5

Brilla de nuevo la luna llena y recuerdo que ya hace mucho tiempo que grabé mi primera tablilla. Doce lunas van ya. Pero no por eso desatenderé el informe, ya que hoy mismo he pagado mi última deuda. Hoy, mi buena esposa y yo festejamos el triunfo que nos ha proporcionado nuestra determinación.

Durante mi última visita a mis acreedores, ocurrieron algunas cosas de las que me acordaré durante mucho tiempo. Ahmar me suplicó que perdonara su feas palabras y me dijo que, más que todo, deseaba especialmente mi amistad. Al final, el viejo Alkahad no es tan malo, pues me dijo: "Antes eras como un trozo de barro blando que podía ser apretado y moldeado por cualquier mano, pero ahora eres como una moneda de cobre que se puede sostener sobre su canto. Si necesitas plata o oro, ven a verme en cualquier momento". No es el único que me respeta, muchos otros me hablan con deferencia. Mi buena mujer me mira con aquel brillo en los ojos que hace que un hombre se sienta seguro.

Pero ha sido el plan el que me ha dado el éxito, me ha hecho capaz de devolver el dinero de mis deudas y ha hecho tintinear el oro y la plata en mi bolsa. Lo recomiendo a los que quieran prosperar. Pues, si ha conseguido que un esclavo pagara sus deudas, ¿no ayudará a un hombre a encontrar su libertad? Y yo no lo he abandonado pues estoy convencido de que, si lo sigo, me hará un hombre rico.

St. Swithin's College // Nottingan University // Newark-on-Trent // Nottingham

7 de noviembre de 1936

Sr. Profesor Franklin Caldwell // Expedición Científica Británica // Hillah, Mesopotamia

Querido profesor:

Si en el transcurso de sus próximas excavaciones en la ruinas de Babilonia encuentra el fantasma de un viejo ciudadano, un tratante de camellos llamado Dabasir, hágame un favor: dígale que aquellos galimatías que escribió en unas tablillas de barro hace muchísimo tiempo le han valido la gratitud eterna de ciertas personas de una facultad en Inglaterra.

Seguramente se acordará UD. de mi carta de hace un año, en la que le decía que mi mujer y yo teníamos la intención de seguir su plan para liberarnos de nuestras deudas y, al mismo tiempo, tener algo de dinero en nuestros bolsillos. Habrá adivinado que estas deudas nos avergonzaban desesperadamente, por más que las tratáramos de esconder frente a nuestros amigos.

Desde hacía años estábamos terriblemente humillados por ciertas deudas e intranquilos hasta la enfermedad por miedo de que algún comerciante desatara un escándalo que nos habría obligado con toda seguridad a dejar la facultad. Gastábamos cada chelín de nuestros ingresos, que era apenas suficiente para mantenernos a flote. Nos veíamos obligados a ir a comprar allí donde nos dieran crédito, sin importarnos si los precios eran más elevados.

La situación fue empeorando en un círculo vicioso que, en vez de mejorar, se agravó. Nuestros esfuerzos se hicieron desesperados, no podíamos mudarnos a un sitio más barato porque aún debíamos alquileres al propietario. Parecía que no podríamos hacer nada para mejorar nuestra situación.

Entonces apareció su nuevo amigo, el viejo tratante de

camellos de Babilonia, con un plan capaz de realizar justo lo que nosotros deseábamos cumplir. Nos animó amablemente a seguir su sistema. Hicimos una lista de todas las deudas que teníamos, y yo se la mostré a todos nuestros acreedores.

Les expliqué que, tal como iban las cosa, era imposible que les pagara. Ellos mismos podían constatarlo mirando los números. Entonces les dije que la única manera que yo veía de poderles pagar todo era apartando el veinte por ciento de mis ingresos mensuales, dividiéndolo equitativamente entre ellos y así devolverles lo que les debía en dos años o algo más que eso. Durante este intervalo haríamos todas nuestras compras al contado.

Todos fueron verdaderamente correctos; nuestro tendero, un viejo razonable, aceptó esta manera de que le cancelemos la deuda. «Si pagan al contado todo lo que compran y van pagando lo que deben poco a poco, es mejor que si no me pagan nada». Pues no le habíamos pagado desde hacía tres años.

Finalmente guardé en lugar seguro una lista con sus nombres y una carta en la que, de mutuo acuerdo, les pedía que no nos importunaran mientras fuéramos desembolsando el veinte por ciento de nuestros ingresos. Comenzamos a idear sistemas para lograr vivir con el setenta por ciento de lo que ganábamos. Y estábamos decididos a ahorrar el diez por ciento restante para hacerlo tintinear en nuestros bolsas; la idea de la plata, y posiblemente la del oro, eran de las más seductoras.

Este cambio en nuestra vida fue toda una aventura, aprendimos a disfrutar calculando y evaluando cómo vivir cómodamente con el setenta por ciento que nos quedaba. Empezamos por el alquiler y nos arreglamos para obtener una buena reducción. Después examinamos nuestras marcas favoritas de té y otros insumos y quedamos gratamente sorprendidos al ver que podíamos encontrar mejor calidad a precios más bajos.

Es demasiado largo para contarlo por carta pero, de todas formas, no ha resultado ser tan tedioso. Nos acomodamos a esta nueva situación con el mejor de los humores. ¡Qué alivio fue corroborar que nuestros asuntos económicos ya no se encontraban en un estado que nos hiciera sufrir por las viejas cuentas impagadas!

No obstante, no olvidaré hablarle del diez por ciento que estábamos obligados a hacer sonar en nuestras bolsas. Pues bien, sólo lo hicimos sonar durante un cierto tiempo, no demasiado. ¿Sabe? Esa es la parte divertida, es fantástico comenzar a acumular dinero que uno no quiere gastar, se siente más placer gestionando una cantidad así que gastándola.

Después de haberla hecho sonar para nuestro solaz le encontramos una utilidad más provechosa: elegimos un plan de inversiones que podíamos pagar con este diez por ciento todos los meses. Esta decisión se ha manifestado como la más provechosa de nuestra regeneración y es la primera cosa que pagamos con mi nómina.

Saber que nuestros ahorros crecen sin cesar es un sentimiento muy enriquecedor. De aquí hasta que se acabe mi carrera académica, estos ahorros deberán constituir una suma suficiente para que sus rentas nos basten a partir de ese momento.

Y todo con el mismo salario. Es difícil de creer, pero cierto. Pagamos nuestras deudas gradualmente al mismo tiempo que nuestros ahorros aumentan. Además, ahora nos arreglamos mejor que antes en el campo económico. ¿Quién habría dicho que había tanta diferencia entre seguir un plan y dejarse llevar?

A finales del próximo año, cuando hayamos pagado todas nuestras facturas, podremos invertir más y ahorrar para poder viajar. Estamos decididos a que nuestros gastos corrientes no superen el setenta por ciento de nuestros ingresos.

Ahora puede UD. entender por qué nos gustaría expresar nuestro agradecimiento personal a ese personaje cuyo plan nos ha salvado de ese «infierno en la tierra». El lo conocía, había pasado por todo eso, quería que otros sacaran provecho de sus amargas experiencias. Por ello pasó largas horas grabando su mensaje en la arcilla.

Tenía un concepto auténtico para ofrecer a sus compañeros de sufrimientos, un mensaje tan importante que, al cabo de cinco mil años, ha salido de las ruinas de Babilonia tan vivo y verdadero como el día en que fue enterrado.

Afectuosamente suyo,

Alfred H. Shrewsbury

Departamento de Arqueología

10 UN RESUMEN HISTÓRICO DE BABILONIA

No ha habido, en el curso de la historia, una ciudad más atractiva que Babilonia. Su nombre evoca visiones de riqueza y esplendor y sus tesoros de oro y joyas eran espléndidos. Podríamos pensar que una ciudad así tenía un emplazamiento maravilloso, rodeada de ricos recursos naturales como bosques o minas en un exuberante clima tropical. Mas no era el caso. Se extendía a lo largo del curso de los ríos Tigris y Éufrates en un valle árido y plano. No había bosques, minas, ni siquiera piedras para la construcción. No estaba en una vía comercial natural y las lluvias eran insuficientes para la agricultura.

Babilonia es un ejemplo de la capacidad del hombre para alcanzar grandes objetivos usando los recursos que tiene a su disposición. Todos los medios habían sido desarrollados por el hombre, todas las riquezas resultaban del trabajo humano.

Babilonia poseía tan sólo dos recursos naturales: una tierra fértil y el agua del río. Gracias a una de las más grandes realizaciones técnicas de todos los tiempos, los ingenieros babilonios desviaron el cauce del río mediante diques e inmensos canales de irrigación. Los canales atravesaban todos los parajes del árido valle para llevar agua al suelo fértil. Estas obras constituyen uno de los primeros trabajos de ingeniería de la historia y el sistema de regadío permitió que las cosechas fueran más abundantes de lo que nunca habían sido.

Afortunadamente, Babilonia fue gobernada durante su larga existencia por sucesivas líneas de reyes que sólo se dedicaron ocasionalmente a las conquistas y los saqueos. Aunque la ciudad se embarcó en diversas batallas, estas fueron locales o eran para defenderse de los ambiciosos conquistadores llegados de otros países que codiciaban sus fabulosos tesoros. Los extraordinarios dirigentes de Babilonia pasaron a la historia a causa de su sabiduría, audacia y rectitud. Babilonia no dio orgullosas monarquías que querían conquistar el mundo conocido y forzar a las naciones a subyugarse. Babilonia ya no existe como ciudad. Cuando las fuerzas humanas que construyeron y mantuvieron la ciudad durante miles de años desaparecieron, se convirtió rápidamente en una ruina desierta. Estaba situada en Asia, a unos mil kilómetros del canal de Suez, justo al norte del Golfo Pérsico. Su latitud es cercana a los treinta grados sobre el ecuador, parecida a la de Yuma, Arizona, y poseía un clima semejante al de esta ciudad, caliente y seco.

El valle del Éufrates, en otro tiempo populosa región agrícola, es hoy una llanura árida barrida por el viento. Las escasas hierbas y los arbustos del desierto luchan contra la arena llevada por el viento. Los fértiles campos, las grandes ciudades y las largas caravanas de los ricos comerciantes se han esfumado. Las tribus árabes nómadas son los únicos habitantes del valle desde la era cristiana y subsisten gracias a sus pequeños rebaños.

La región está salpicada de colinas. Al menos durante siglos fueron consideradas como tales, pero los fragmentos de alfarería y ladrillos gastados por las ocasionales lluvias llamaron finalmente la atención de los arqueólogos. Se organizaron campañas para realizar excavaciones financiadas por museos europeos y americanos. Los picos y las palas demostraron rápidamente que aquellas colinas eran ciudades antiguas, o más bien «tumbas de ciudades».

Babilonia es una de ellas, los vientos habían esparcido sobre ella el polvo del desierto durante veinte siglos. Las murallas, originalmente construidas de ladrillo, se habían desintegrado y habían vuelto a la tierra. Así es hoy en día la rica ciudad de Babilonia: un montón de tierra olvidado hace tanto tiempo, que nadie conocía su nombre hasta que se retiraron los escombros acumulados durante siglos en las calles, los templos y palacios.

Algunos científicos consideran que las civilizaciones babilónica y las de las otras ciudades del valle son las más antiguas de las que se tiene conocimiento. Se han demostrado fehacientemente algunas fechas que se remontan hasta los 8.000 años de antigüedad. En las ruinas de Babilonia se descubrieron descripciones de un eclipse solar, los astrónomos modernos calcularon fácilmente cuándo hubo un eclipse visible en Babilonia y pudieron, así, establecer la relación entre su calendario y el nuestro.

Así se pudo calcular que hace 8.000 años, los sumerios que ocupaban Babilonia vivían en ciudades fortificadas. No se puede calcular desde cuándo existían dichas ciudades. Sus habitantes no eran simples bárbaros que vivían en el interior de unas murallas protectoras, sino personas cultas e inteligentes. Tanto como puede remontarse en el pasado la historia escrita, fueron los primeros ingenieros, astrónomos, matemáticos, financieros, y el primer pueblo que poseyó una lengua escrita.

Ya hemos hablado de los sistemas de irrigación que transformaron el árido valle en un vergel cultivado. Los vestigios de los canales aún son visibles, aunque la mayoría están llenos de arena. Algunos de ellos eran tan grandes que, cuando no llevaban agua, una docena de caballos podían galopar de frente en su interior. Se los compara en amplitud con los canales más anchos de Colorado y Utah. Además de regar la tierra, los ingenieros babilonios llevaron a cabo otro proyecto igualmente vasto: recuperar una inmensa región pantanosa en la desembocadura del Éufrates por medio de un sistema de drenaje y hacerla cultivable.

Heródoto, historiador y viajero griego, visitó Babilonia tal como era durante su apogeo y nos dejó la única descripción conocida hecha por un foráneo. Sus escritos presentan una pintoresca descripción de la ciudad y algunas de las extrañas costumbres de sus habitantes. Menciona la fertilidad notable de la tierra y las abundantes cosechas de trigo y cebada.

La gloria de Babilonia se ha apagado, mas su sabiduría ha sido preservada para nosotros gracias a los archivos. En aquellos lejanos tiempos, el papel no había sido todavía inventado, y en su lugar, la gente grababa laboriosamente sus escritos en tablillas de arcilla húmeda. Cuando las acababan, las cocían y quedaban firmes. Medían aproximadamente seis por ocho pulgadas y el espesor era de una pulgada. Utilizaban estas tablillas de barro, como se les llama comúnmente, como nosotros las modernas formas de escritura. Se grababan leyes del país, leyendas, poesía, historia, transcripciones de decretos reales, títulos de propiedad, billetes e incluso cartas que eran enviadas mediante mensajeros hacia lejanas ciudades. Gracias a estas tablillas hemos podido conocer asuntos íntimos de la sociedad. Una tablilla que seguramente provenía de los archivos del almacenero del país cuenta, por ejemplo, que un cliente llevó una vaca y la cambió por siete sacos de trigo, tres entregados en el mismo momento y los otros cuatro a conveniencia del cliente.

Los arqueólogos recuperaron bibliotecas enteras de estas tablillas, millares de ellas, protegidas por los escombros de las ciudades.

Los inmensos muros que rodeaban la ciudad constituían una de las extraordinarias maravillas de Babilonia. Los antiguos las consideraron comparables a las pirámides de Egipto y las situaron entre las siete maravillas del mundo. El mérito de la construcción de las primeras murallas es atribuible a la reina Semiramis, pero los arqueólogos modernos no han podido encontrar señales de estas primeras construcciones, ni establecer su altura exacta. Por los escritos de los antiguos, se cree que medían entre unos cincuenta y sesenta pies en la parte exterior, que estaban hechas de ladrillos cocidos y además protegidas por un foso de agua profundo.

Las murallas más recientes y célebres fueron construidas unos 600 años antes de Cristo por el rey Nabopolasar, quien proyectó una construcción tan grandiosa que no pudo vivir para ver el final de la obra. Fue su hijo, Nabucodonosor, cuyo nombre aparece en la Biblia, quien las terminó.

La altura y longitud de estas murallas más recientes nos dejan sin habla. Una autoridad digna de confianza informó que debieron de tener alrededor de cincuenta y dos metros, es decir la altura de un edificio moderno de quince pisos. Se estima que la longitud total era de entre quince y diecisiete kilómetros y la anchura era tal, que en su parte superior podía correr un carro tirado por seis caballos. No queda prácticamente nada de esta colosal estructura excepto una parte de los cimientos y el foso. Además de los destrozos de la naturaleza, los árabes se llevaron los ladrillos para construir en otras zonas.

Uno tras otro, los ejércitos victoriosos de casi todos los conquistadores de ese periodo de guerras invasoras, se enfrentaron contra las murallas de Babilonia. Una multitud de reyes asedió Babilonia, pero fue todo en vano. Los ejércitos invasores de aquel tiempo no eran despreciables y los historiadores hablan de fuerzas de 10.000 caballeros, 25.000 carros y de 1.200 regimientos de infantes de 1.000 hombres cada uno. A menudo necesitaban dos o tres años de preparación para reunir el material de guerra y los depósitos de vituallas a lo largo de la línea de marcha propuesta.

La ciudad de Babilonia estaba organizada casi como una ciudad moderna. Había calles y tiendas, vendedores ambulantes qué ofrecían sus mercancías en los barrios residenciales, sacerdotes que oficiaban en magníficos templos. Una muralla aislaba los palacios reales en el interior de la ciudad. Dicen que estas eran más altas que las de la ciudad.

Los babilonios eran artesanos hábiles que trabajaban en la escultura, la pintura, el tejido, el oro y fabricaban armas de metal y maquinaria agrícola. Los joyeros creaban piezas de exquisito gusto y algunas muestras que han sido recuperadas de las tumbas de ciudadanos ricos se exponen en museos de todo el mundo.

En una muy lejana época, cuando el resto del mundo cortaba árboles con hachas de piedra o cazaba y luchaba con lanzas y flechas con punta de piedra, los babilonios ya usaban hachas, lanzas y flechas de metal. Eran inteligentes financieros y comerciantes. Por lo que sabemos, fueron los inventores del dinero como moneda de cambio, de los billetes y de los títulos de propiedad escritos.

Babilonia no fue conquistada por sus enemigos hasta cerca de 540 años A.E.C. Pero tampoco entonces fueron tomadas sus murallas. La historia de la caída de Babilonia es de lo más extraordinario. Ciro, uno de los grandes conquistadores de la época, proyectaba atacar la ciudad y tomar las murallas insondables. Los consejeros de Nabónidus, rey de Babilonia, le persuadieron para que fuera ante Ciro y librara batalla sin esperar a que la ciudad estuviera asediada. El ejército babilónico, tras derrotas consecutivas, se alejó de la ciudad. Ciro entró por las puertas abiertas de la ciudad, que no ofreció resistencia.

El poder y el prestigio de Babilonia fue gradualmente declinando hasta que, al cabo de unos siglos, fue abandonada, dejada a merced de vientos y tormentas que la devolvieron al desierto sobre el que se había erigido en su origen. Babilonia había caído para nunca volverse a levantar, pero debemos mucho a su civilización.

Los babilónicos se han reducido al polvo, junto a las orgullosas paredes de sus templos, pero su sabiduría aún perdura.

www.bnpublishing.com

Te Recomendamos los libros y audio cds:

Piense y Hagase Rico por Napoleon Hill

Como el hombre piensa asi es su vida por James Allen

www.bnpublishing.com

www.bnpublishing.com

www.bnpublishing.com

www.ingramcontent.com/pod-product-compliance
Lightning Source LLC
Chambersburg PA
CBHW021039200426
43507CB00001B/7